读·品·悟快乐阅读系列
◎丛书主编：向启新

学习卷

把书读到寂静的程度

◎本书主编：张曙光

花山文艺出版社
河北·石家庄

图书在版编目（ＣＩＰ）数据

把书读到寂静的程度：学习卷 / 向启新主编. --
石家庄：花山文艺出版社，2004（2024.6 重印）
（"读品悟"快乐阅读系列）
ISBN 978-7-80673-556-5

Ⅰ．①把… Ⅱ．①向… Ⅲ．①散文－作品集－中国－
当代 Ⅳ．①I267

中国版本图书馆CIP数据核字(2004)第111955号

丛 书 名：**"读品悟"快乐阅读系列**
丛书主编：向启新
书　　名：**把书读到寂静的程度：学习卷**
　　　　　BA SHU DU DAO JIJING DE CHENGDU: XUEXI JUAN
本书主编：张曙光

策　　划：张采鑫
责任编辑：李倩迪
特约编辑：李文生
装帧设计：北京九洲鼎图书有限公司
美术编辑：王爱芹
出版发行：花山文艺出版社（邮政编码：050061）
　　　　　（河北省石家庄市友谊北大街330号）
销售热线：0311-88643299/96/17
印　　刷：三河市中晟雅豪印务有限公司
经　　销：新华书店
开　　本：710mm×1000mm　1/16
印　　张：10
字　　数：180千字
版　　次：2004年12月第1版
　　　　　2024年6月第5次印刷
书　　号：ISBN 978-7-80673-556-5
定　　价：49.80元

学习卷

学海点悟

　　说到学习，这是一个"老生常谈"的话题。中学阶段是以学习为主的重要阶段。广博的知识浩如烟海，我们除了要掌握学校规定的学科外，还要学习许许多多其他的知识。就书本知识而言，有的学生已经很努力了，成绩却不尽如人意，究其原因，其中很重要的一点就是方法不得当，陷入死读书、读死书的泥潭之中，没有找到一种行之有效的读书方法。怎样才能让我们在有限的时间内掌握更多的知识？古往今来，不少学者、专家就如何提高学习效率提出了他们的真知灼见，这些闪烁着智慧的言论是他们穷尽一生的经验积累，是值得我们学习和借鉴的法宝。他们的文章将会带给你意想不到的收获，会在你求学的征途上点燃一盏指路的明灯，让你在以后的学习中有事半功倍的效果。

　　学习是一件苦差事，很多学生都这样认为。"学海无涯苦作舟"，这不正是千古以来对学习最好的诠释吗？枯燥的知识加上单调的生活，那中学生活简直就是受罪。若是有这样的一种心态，想把学习搞好是很难的。古人曾经说过："好学之，不如好学之。"这短短的几个字揭示了学习的真谛。培养自己学习的兴趣，激发自己学习的热情，从而达到热爱学习的境界，你就会从学习中体会到乐趣,把学习当作一种实实在在的享受。"凡趣味总要自己领略,自己未曾领略到的,旁人没法子告诉你。"若是能"学海无涯乐作舟"那该是一种怎样的快活呢?有不少饱学之士就是终身乐于学习的。

学习科学文化知识是中学生活很重要的内容,但绝不是中学生活的全部。一个仅仅掌握了一些科学文化知识的人,充其量也只是一台机器。作为一个生活在社会中的人,在成长的过程中,还要懂得做人的道理,这也是学习的内容。而这一知识是从书本上学不来的。我们只能从他人、从家庭、从社会来获取这部分知识,并在实践中运用。

在我们的人生中,我们需要科学、需要文学、需要艺术、需要健康、需要快乐、需要与人交往、需要人与人之间的和谐……这一切都是为了我们自身更好地发展。人的一生应该是不断进取、不断超越自我的奋斗,只有这样,我们才会拥有一个无悔的人生。

我们的国家需要发展,教育是个重要的因素。我国的教育目的是要将青少年培养成对国家有用的人才,从而促进我国经济的腾飞,国力的强大。我国目前正处于从应试教育向素质教育的过渡阶段,注重学生的考试成绩,用分数来考查一个学生是否合格、是否优秀造成了学生知识面狭窄、高分低能、品德教育不尽如人意等现象,这一切都是我国教育体制中存在的弊端,它束缚了学生的个性发展,是不利于学生成长的。可是,作为一名中学生有没有自身的判断能力呢?能否知道自己真正需要什么?哪些对自己的成长是不利的,甚至是有害的呢?时代需要具有创造能力的人才,而要使自己具有创造力,就得培养自己独立的人格,就得有分辨是非的能力。你的学生生活,也就是你成长的过程。每一天的生活都是你作出将成为一个怎样的人的选择和回答。

好好把握自己的每一天,让自己健康、快乐地成长吧!

目 录

一、读书读出声儿来

作文链接

二、享受读书的快乐

作文链接

三、我们的知识是有限的

作文链接

四、失落的音色

把书读到寂静的程度

读

书读出声儿来

学习卷

那些真正优秀的作品，『音调』都像音乐般优美。

一家人吃年夜饭。

"谈谈你们的新年新愿望!"父亲对三个孩子说,"看看谁的最高明。"

"我的愿望是样样考第一!"刚进国中的大儿子说。

"我的愿望是希望能不惹爸妈生气!"就读高年级的二儿子说。

"我没有愿望……"小女儿讲。

大家都瞪大了眼睛。

"我只知道要存钱买一本故事书。"

每个人都报以最热烈的掌声,因为当别人在"愿望"时,她却已经决定要"做"了。

学习生活中,书是离我们最近的愿望,拿起书来,大声读吧。

书分四读——闲·精·速·摘 ··· 王云五

在讨论读书的方法以前,我们可不要忘却所读的书因其性质的不同,也有分别采取不同方法之必要。通常把所读的书分为精读、略读两种。我以为这还不能概括人们所读书籍的全部。依我的见解,似乎可分为四种:一、闲读;二、精读;三、略读或速读;四、摘读。兹分别说明如下:

一、闲读

闲读是指为消遣而读书。英国文豪毛姆曾说过:"人生的笑,是与灯火同时起的。"其意是说无所用心的闲谈,是以晚上为最适宜的时间;然而借灯火助兴的闲谈,必须有可与闲谈之人,而此种人或未必随时可以获得;于是灯下把卷闲读,倒可随心所欲,远较闲谈为便利。

这样的闲读,在我国可以陶渊明的《五柳先生传》里所称"好读书,不求甚解,每有会意,便欣然忘食"为注脚。这样读书,完全出于消遣,自无讲求读书方法的必要。

另一种闲读,则如美国的老罗斯福总统公余辄阅读侦探小说。据他说,由此种小说之巧妙的作者,故布疑局,使读者在一页一页地读下去时,对于谁是真正的罪犯,不免因好奇而作种种的臆测,致把日常萦怀的政务暂置脑后,而获得短时间的休息。

二、精读

这是指要精细阅读的书而言,宋朱熹说:"大抵所读经史,切要反复精详,方能渐见旨趣。诵之宜舒缓不迫,字字分明。更须端庄正坐,如对圣贤,则心定而义理易究,不可贪多务广,涉猎卤莽,看过了便谓已通。小有疑问,即便思索,思索不通,即置小册子逐日抄记,以时省阅,俟归日逐一会理。切不可含糊护短,耻于咨问,而终身受此黯暗以自欺也。"此语可为这一类书写照。英国哲学家培根也曾说:"有些书可以囫囵吞下,有些书却要细嚼慢吞。"这里所谓细嚼慢吞者,也就是这一类书。

三、速读

这便是培根所称"可以囫囵吞下的书"。精读的长处固可使读者彻底领会书的内容与含义,而其短处则使人不能多读,而有陷于寡陋之虞。因此,善于读书之人,应按书籍之性质与其对所研究题目关系之轻重,而分别为精读与速读。属于速读的范围者,只要得一书之大意,故如有可能,尽管用一目十行之方法而读之。其有精读之必要者,当然不宜速读,致陷于"欲速则不达"之弊。因此,何者宜速读,何者宜精读,其区别不仅在性质方面,而且同一书亦可因不同之读者与其个别之目的而异。

四、摘读

此指不仅无须精读,甚至无须迅速读全部的书而言。此类书尽可摘读其中之若干部分。要行摘读的方法,大抵该书的导言或序文足以觇全书的梗概者不可不读,其次便是阅看目录或细目,以决定某章某节当读,最后并参看索引,检得某节或某段当读。

与你共品
yu ni gong pin

本文作者引经据典,向我们详细地介绍了四种读书的方法:闲读、精读、速读和摘读。这无疑给我们读书学习开了一副良方。以后读书也不妨试试。

个性独悟
ge xing du wu

★英国文豪毛姆说:"人生的笑,是与灯火同时起的。"对这句话,本文作者是如何理解的?

★在精读一段中,作者引了朱熹的一段话,这段话告诉我们精读要做到哪四个方面?

★摘读一本书,大抵要读哪些部分?

★朱熹说读经史要"端庄正坐,如对圣贤",这样做能收到什么效果?

快乐阅读
kuai le yue du

不求甚解 / ···邓 拓

一般人常常以为,对任何问题不求甚解都是不好的。其实也不尽然。我们虽然不必提倡不求甚解的态度,但是,盲目地反对不求甚解的态度同样没有充分的理由。

"不求甚解"这句话最早是陶渊明说的。他在《五柳先生传》这篇短文中写道:"好读书,不求甚解;每有会意,便欣然忘食。"人们往往只抓住他说的前一句话,而丢了他说的后一句,因此,就对陶渊明的读书态度很不满意,这是何苦来呢?他说的前后两句话紧紧相连,交互阐明,意思非常清楚。这是古人读书的正确态度,我们应该虚心学习,完全不应该对他滥加粗暴的不讲道理的非议。

真正把书读进去了,越读越有趣,自然就会慢慢了解书中的道理。对于这一点,陶渊明尤其有独到的见解。所以,他每每遇到真正会意的时候,就高兴得连饭都忘记吃了。如果根本不读书或者不喜欢读书,那末,无论说什么求甚解或不求甚解就都毫无意义了。而读书的要诀,全在于会意。因为不读书就不了解什么知识，不喜欢读也就不能用心去了解书中的道理。一定要好读书，这才有起码的发言权。应该承认，好读书这个习惯的养成是很重要的。一下子想完全读懂所有的书，特别是完全读懂重要的经典著作，那除了狂妄自大的人以外，谁也不敢这样自信。

这样说来，陶渊明主张读书要会意，而真正的会意又很不容易，所以只好说不求甚解了。可见这不求甚解四字的含义，有两层：一是表示虚心，目的在于劝诫学者不要骄傲自负，以为什么书一读就懂，实际上不一定真正体会得了书中的真意，还是老老实实承认自己只是不求甚解为好。二是说明读书的方法，不要固执一点，咬文嚼字，而要前后贯通，了解大意。这两层意思都很重要，值得我们好好体会。

列宁就曾经多次批评普列汉诺夫，说他自以为熟读马克思的著作，而实际上对马克思的著作却做了许多曲解。我们今天对于马克思列宁主义的经典著作，也应该抱虚心的态度，切不可以为都读得懂，其实不懂的地方还多得很哩！要想把经典著作读透，懂得其中的真理，并且正确地用来指导我们的工作，还必须不断努力学习。要学习得好，就不能死读，而必须活读，就是说，不能只记住经典著作的一些字句，而必须理解经典著作的精神实质。

在这一方面，古人的确有许多成功的经验。诸葛亮就是这样读书的。据王粲的《英雄记钞》说，诸葛亮与徐庶、石广元、孟公威等人一道游学读书，"三人务于精熟，而亮独观其大略"。看来诸葛亮比徐庶等人确实要高明得多，因为观其大略的人，往往知识更广泛，了解问题更全面。

当然，这也不是说，读书可以马马虎虎，很不认真。绝对不应该这样。观其大略同样需要认真读书，只是不死抠一字一句，不因小失大，不为某一局部而放弃了整体。

宋代理学家陆象山的语录中说："读书且平平读，未晓处且放过，不必太滞。"这也是不因小失大的意思。所谓未晓处且放过，与不求甚解的提法很相似。放过是暂时的，最后仍然会了解它的意思。

经验证明，有许多书看一遍两遍还不懂得，读三遍四遍就懂得了；或者一本书读了前面有许多不懂的地方，读到后面才豁然贯通；有的书昨天看不懂，过些日子再看才懂得；也有的似乎已经看懂了，其实不大懂，后来有了一些实际知识，才真正懂得它的意思。因此，重要的书必须常常反复阅读，每读一次都会觉得开卷有益。

与你共品
yu ni gong pin

　　普通人都认为"不求甚解"是一种不好的行为,而作者却与众不同,阐明了他对"不求甚解"的正确理解。"不求甚解"即"不死抠一字一句,不因小失大,不为某一局部而放弃了整体"。这是一种能更好地学懂知识的方法。

个性独悟
ge xing du wu

　　★文中在追溯"不求甚解"的出处时,引用了《五柳先生传》中的话:"好读书,不求甚解;每有会意,便欣然忘食。"这句话应怎样理解?

　　★文中在具体论述"不求甚解"的含义时,作者引用了哪两个事例?

　　★根据"不求甚解"的正确含义,本文在论述读书的方法时,又具体论述了哪两种方法?

快乐阅读
kuai le yue du

信赖:阅读的要素 / · · · 王安忆

　　阅读的第一要素,我想是信赖。相信我们所读到的东西,这常常发生在我们少年时候。那个年龄,心灵像一张白纸,无条件地相信任何事情。书本给我们神圣的感觉,好比人生的老师。我们总是把书本上的话抄在日记本上,还总是将书本上的话赠来赠去。这是一个非常容易受影响的时期，是精神世界最初的建设时期。假如我们幸运地读到真正的好书，那么，一生都将受益无穷。不过，很多时候的情况则是恰恰相反。但是，尽管是这样一个不安全的时期，我也以为怀疑主义是最大的不幸。这会使我们丧失阅读的最大乐趣——那种满怀情感的接受，那种对充实内心的渴望。怀疑设立的防线又会使自己孤立，久而久之，内心便将寂寞又空虚。

当我们逐渐成长起来之后，我们便也逐渐形成了对这个世界的看法。它不仅来自于阅读，更来自于直接的经验。假如我们依然热爱阅读，并且依然对阅读保持信赖，便会自觉地去芜存精，选择那些真正的好书。前段时期阅读好书的经历帮助了我们，从人生中得到的真情实感也帮助了我们。阅读和阅历使我们几乎是本能地懂得哪些是好书，哪些是那种写作者以诚实与信赖写下来的文字。我们仍然以信赖的态度读书，而这时候的信赖却是一种理性的信赖。我们和书本之间建立起一种平等的关系，书本是我们的朋友。理性的依赖还可有效地抵御怀疑主义的侵害。这时候的阅读对于拓展我们不免狭窄的个人经验大有好处。假如个人经验偏于悲观，它便提供给光明的景象；假如个人经验偏于万事无忧，它则提醒我们不幸的存在，它可使我们保持乐观、善良、开阔的精神。在一个人对世界的观念已经形成的中年阶段，阅读可为我们作出补充和修正，使之达到健康完美的境地。

晚年时的阅读信赖，我想应是建立在宽容之上。因为这时候的经验已经成熟到可与任何书本作一个比较，这是该作出结论的时期。假如前两个阶段我们保持了阅读的良性循环，这时便能够再上升一格。在持有自己的经验与结论的同时，善解并诚挚地去观看别人的人生所得，看到人类无穷多的心灵景观。这时候，我们应当如同相信自己一样地去读书，书会和我们融为一体。我们其实也是在读着自己。这时候的自己，应该有一颗能够包容一切的心灵，读书就提供了这样的好机会。当然，我这里指的是人类写下的最好的那类书。

与你共品
yu ni gong pin

王安忆，1954 年生于南京，当代著名女作家。创作多部作品，其中

《本次列车终点》《流逝》《小鲍庄》曾获全国优秀小说奖,《长恨歌》获茅盾文学奖。

作者以女性作家特有的细腻的笔触,娓娓道来,向读者展示了自己的读书体会——信赖。相信一切美好的事物是人类共有的本性,相信书籍(好的书籍)将使我们终身受益无穷。作者谈到了人在少年、青年、中年、老年时期对于信赖的不同理解,在文中没有丝毫的勉强,只是像朋友一样促膝谈心,令读者很容易接受她的观点。

个性独悟
ge xing du wu

★作者为什么说阅读的第一要素是信赖?

★如何理解"怀疑主义是最大的不幸"?

★在中年时期信赖阅读有什么益处?为什么说晚年的阅读信赖应建立在宽容之上?

★请用准确的语言概括文章的主旨。

快乐阅读
kuai le yue du

读出声儿来 / ··· 钱 钢

我们中国人,把"看书"叫做"读书"。顾名思义,"读书"就是要把书念出声儿来。你瞧,"书声琅琅""抑扬顿挫",这些词儿,都形容了老辈人读书的情形。不过,这些年里对这种读书的情景,较多的却是讽刺:"摇头晃脑""拿腔拿调",读书读出声儿来,仿佛只是穿长衫马褂的老古董们干的迂腐而过时的事。

我反对扼杀青年活力的"老古董"。可是,我赞成读书读出声儿来。

我的母校——杭州市西湖小学,有几位从军队文工团转业的语文老师,他们极重视学生的朗读,我的班主任卜庆荣老师就是其中的一位。当她站在讲台上,充满感情地领着我们朗读课文的时候,常使我们想起,卜老师家墙上那张她当年在舞台上报幕的照片。像导演训练演员一样,她严格地(甚至是过分严厉地)要求我们读书、背书。直到今天,我还能记起她教我们朗读《狗又咬起来了》《大嫂,停下你送行的脚步吧》等课文的情形——课文是记不真切了,深深印在记忆中的是那动人的语调。

每本书都有自己的"音调"。那些真正优秀的作品,"音调"都像音乐般优美。

老作家孙犁写过一部《铁木前传》的中篇小说,作品的结尾有这样一段话:

> 童年啊,你的整个经历,毫无疑问,像航行在春水涨满的河流里的一只小船。回忆起来,人们的心情永远是畅快活泼的。然而,在你那鼓胀的白帆上,就没有经过风雨冲击的痕迹?或是你那昂奋前进的船头,就没有遇到过逆流礁石的阻碍吗?有关你的回忆,就像你的负载一样,有时是轻松的,有时也是沉重的啊!

我曾多次阅读《铁木前传》,每次,我都要高声朗读这段结尾。正是在那种"读"的愉快中,我体味到了孙犁语言的清新。

我还喜欢高声朗读高尔基的《意大利童话》,特别是其中的第十一篇,描写一位母亲亲手杀死了自己已成为敌人首领的儿子——

> 这时候,她用自己的黑氅盖住他的身体,在他心口刺进了匕首,他的身子抽搐了一下,立刻死了——她是熟悉儿子的心窝的……
> 以后,她紧紧握着那把被他的血——当然也是她自己的血——所温暖的匕首,刺进自己的胸口,依然是正确刺中了心窝——创痛的心窝是容易刺中的。

我喜欢朗读沈从文的《从文自传》。
我还喜欢朗读丰子恺的《缘缘堂随笔》。
我还喜欢朗读一些优秀的新闻作品,如华山的《英雄的十月》。
记得有位老同志曾对我说,中国文学有一个突出的美学特征:诉诸听觉。

诗,自不待说,从语本发展而来的小说,同样鲜明地保留了听觉艺术的特点,如明白、晓畅、上口等等。

其实又何止是中国的作品如此?不久前,我听我的一位邻居用俄文背诵莱蒙托夫的抒情诗,那音调是那么优美迷人,以至于我的那位邻居坚持认为,甚至好的理论书,都能使人在听觉上获得美感。

读书读出声儿来,就是说,要从少年时代就培养这种美感。

我永远感激我那位敬爱的卜老师,她使我和我的同学们从小受过严格的朗读训练。长大成人后,提笔写作,少年时代读过的那些书的音韵旋律就会在耳畔萦绕。

当然,有些"音调"终究会显得陈旧过时,束缚自己的文笔。那么,就捧起新的优秀的书籍再读吧,去寻找新的气韵,新的音色。不消说,还是得"读出声儿来"。

与你共品
yu ni gong pin

文章以作者自己的经历为例阐述了读书应"读出声儿来"的观点。因为真正优秀的作品,文章的词语运用、句子的组合排列极具艺术性,如同音乐般优美。同学们,你们也不妨"读出声儿来"吧!

个性独悟
ge xing du wu

★真正优秀的作品为什么需要朗读?培养读书的美感,为什么要从少年时代开始?

★结合语言环境,说说"中国文学有一个突出的美学特征:诉诸听觉"这句话的含义。

★结合你的学习生活,谈谈你是否也体验过读书"读出声儿来"的乐趣?

快乐阅读
kuai le yue du

思想方法与读书方法 / ··· 贺 麟

　　知道了一般的思想方法,然后应用思想方法来读书,那真是事半功倍。

　　第一,应用逻辑方法来读书,就要看能否把握其所讨论的题材的本质,并且要看著者所提出的界说,是否有系统的发挥,所建立的原则是否有事实的根据,所叙述的事实是否有原则作指导。如是,就可以判断此书学术价值的高下。同时,我们读一书时,亦要设法把握一书的本质或精义,依据原则,发疑问,提假设,制范畴,用种种理智的活动以求了解此书的内容。

　　第二,应用体验的方法以读书,就是首贵放弃主观的成见,不要心粗气浮,欲速助长,要使自己沉潜浸润于书籍中,设身处地,切己体察,优游玩索,虚心涵泳。须用一番心情,费一番神思,以审美、以欣赏艺术的态度去读书。要感觉得书之可乐可好,智慧之可爱。把读同代人的书,当作就是在全国甚或世界学术之内去交朋友,去寻老师,与作者或国际友人交流思想、沟通学术文化。把读古书当作尚友千古与古人晤对的精神生活,神游冥想于故籍的宝藏里,与圣贤的精神相交接往来,即从这种读书的体验里去理会,去反省,去取精用宏,含英咀华,去体验古人真意,去绍述古人绝学,去发挥自己的心得。这就是用体验的方法去读书,也可以说是由读书的生活中去体验。用这种读书法,其实也就是一种涵养功夫。由此而深造有得,则其所建立的学说,所发出的议论,自有一种深厚淳朴中正和平之气,而不致限于粗疏浅薄偏激浮嚣。

　　第三,应用全体看部分,从部分看全体的玄思方法以读书,可以说即是由约而博,由博返约之法。譬如,由读某人此书,进而博涉及此人的其他著作,进而博涉及与此人有关之人的著作（如此人的师友及其生平所最服膺的著作）皆可说是应用由部分观全体的方法。然后再由此人师友等的著作，以参证、以解释此人自己的著作，而得较深一层的了解，即可说是应用由全体观部分的方法。由个人的著作以例证整个时代的趋势，由某一学派的立场去观认某一家的地位，由某一家的著作以代表某一学派的宗旨，由全书的要旨以解释一章一节，由一章一节以发明全书的精义，均可以说是应用由全观分，由分观全，多中见一，一中见多的玄思方法以读书。

此法大概用来观察历史，评人论事，特别适用。因为必用此辩证的方法以治史学，方有历史的透视眼光或高瞻远瞩的识度。由部分观全体，则对于全体的了解方亲切而具体，由全体观部分，则对于部分的评判，方持平而切当。部分要能代表全体，例证全体，遵从全体的规律，与全体有有机关系，则部分方不陷于孤立、支离、散漫无统纪。全体要能决定部分，统辖部分，指导部分，则全体方不陷于空洞、抽象、徒具形式而无内容。

因为此种玄思的方法，根本假定著作、思想、实在，都是一有机体，有如常山之蛇，击首则尾应，击尾则首应。故读书，了解思想，把握实在，须用以全体观部分，以部分观全体的方法。

总之，我的意思，要从读书里求得真实学问，须能自用思想，不仅可读成文的书，而且可读不成文的书。知道如何自用思想，有了思想的方法，则读书的方法，自可绎绎推演出来。必定要认真自己用思想，用严格的方法来读书，方可以逐渐养成追求真实学问，研读伟大著作的勇气与能力，即不致为市场流行的投机应时，饵食袭取的本本所蒙蔽、所欺骗。须知不肯自用思想，未能认真用严格的方法读书，而不知道真学术唯有恃艰苦着力，循序渐进，方能有成，实不能取巧，亦是没有捷径可寻的。如果一个人，能用艰苦的思想，有了严密的读书方法，那缺乏内容、肤浅矛盾的书，不经一读，就知道那是没有价值的书了，又何至于被蒙蔽呢？

我还要说几句关于读书的价值，读书的神圣权利，和读书的搏斗精神。

人与禽兽的区别，虽有种种不同的说法，但根据科学的研究，却只有两点：（一）人能制造并利用工具，而禽兽不能。（二）人有文字，而禽兽没有文字。其实文字亦是一种工具，传达思想、情感、意志，精神上人与人内在交通，传久行远的工具。说粗浅一点儿，"人是能读书著书的动物"。故读书是划分人与禽兽的界限，也是划分文明人与野蛮人的界限。读现代的书即所以与同时代的人作精神上的沟通交谈。读古人的书即所以承受古圣先贤的精神遗产。读书即可以享受

把书读到寂静的程度

或吸取学问思想家多年的心血的结晶,所以读书是人类特有的神圣权利。

要想不放弃此种神圣权利,堂堂正正地做一个人,我们唯有努力读书。读书如登高山,非有勇气,绝不能登至山顶,接近山霄。读书如撑船上滩,不可一刻松懈。读书如临战场,不能战胜书籍,利用书籍,即会为书籍所役使,作书本的奴隶。打仗失败只是武力的失败。而读书失败,就是精神的失败。朱子说:"读书须一棒一条痕,一掴一掌血。"最足以表示这种如临战阵的读书精神,且足以作我们读书的指针。

与你共品
yu ni gong pin

文章以周密的语言,严谨的结构,令人信服的论述,阐明了思想方法与读书方法之间的关系。告诉我们,应该明确思想方法是基础,只有具备了正确的思想方法,才可能绎绎推演出有效的读书方法。因此,要从读书里求得真实学问,必须能够自用思想。

个性独悟
ge xing du wu

★作者认为,应用逻辑方法来读书,更重要的因素是什么?这种读书方法的好处是什么?

★结合文章,谈谈你对思想方法与读书方法的关系的理解。

★孟子说:"尽信书不如无书";本文也指出:"读书如临战场,不能战胜书籍,即会为书籍所役使,作书本的奴隶。"请你谈谈其中蕴含的道理。

读书与看书 / ···林语堂

　　曾国藩说，读书看书不同，"看者攻城拓地，读者如守土防隘。二者截然两事，不可阙，亦不可混"。读书道理，本来如此。曾国藩又说："读书强记无益，一时记不得，丢了十天八天再读，自然易记。"此是经验之谈。今日中小学教育全然违背此读书心理学原理，一、不分读书，看书；二、叫人强记。故弄得学生手忙脚乱，浪费精神。小学国语固然应该读，文字读音意义用法，弄得清清楚楚，不容含糊了事。至于地理常识等等，常令人记所不当记，记所不必记，真真罪恶。譬如说，镇江名胜有金山，焦山，北固山，此是常识，应该说说，记得固好，不记得亦无妨，以后听人家谈起，或亲游其地，自然也记得。试问今日多少学界中人，不知镇江有北固山，而仍不失为受教育者，何苦独苛求于三尺童子？学生既未见到金山，北固山，勉强硬记，亦不知所言为何物，只知念三个名词而已。扬州有瘦西湖，有平山堂，平山堂之东有万松林，瘦西湖又有五亭桥，小金山，二十四桥旧址，此又是常识，也应该说说，却不必强记。实则学生不知五亭桥，万松林为何物，连教员之中十九亦不知所言为何物。今考常识，学生曰，万松林在平山堂之西，则得零分，在平山堂之东，则得一百分，岂不笑话？卫生一科，知道人身有小肠大肠固然甚好，然大肠明明是一条，又必分为升结肠，横结肠，降结肠，又是无端添了令人强记名词，笑话不笑话？弊源有二：一教科书编者，专门抄书，表示专家架子。二教员不知分出重轻，全课名词，必要学生硬记。学生吓于分数之威严，为所屈服，亦只好不知所云的硬记，于是有趣的常识，变为无味的苦记。殊不知过些时候，到底记得多少，请教员摸摸良心自问可也。何故作践青年精神光阴？

与你共品
yu ni gong pin

　　原来读书与看书是不一样的,你是否思考过这个问题呢?这是林语堂先生在几十年前针对当时的中小学教育中存在的弊端而提出的批评。我们今天看来,他的观点仍是可取的,他的关于学习的方法仍不失为有益的良法。

个性独悟
ge xing du wu

　　★"今日中小学教育全然违背此读书心理学原理"中的"此"指的是什么?
　　★本文所说的读书的弊源是什么?
　　★本文主要采用的是例证法。请概括出作者所举的实例。

快乐阅读
kuai le yue du

书——善读、慎读、选读/···佚　名

　　语云:"开卷有益。"这是就书的宏观而言的。然则,微观与读书,当有别论。
　　"尽信书,则不如无书。"这是孟子的意见,指出对书不能盲从,否则有害无益。这就提出了如何对待书的问题。
　　"书犹药也,善读可以医愚。"这是汉代刘向的看法,但药有良毒之分,善读可以治愚,不善读呢?自然中毒。这就提出了如何正确辨析书的问题。

我们这两位古代学者,像在一问一答。刘向似回答了孟子的问题,提出了应该怎样对待书、选择书、阅读书的态度和思考,很有一点辩证的意味。

我们读书,是为了获取正确认识世界、解释世界、改造世界的科学真理;是为了获取文化、科学、技术知识,来提高我们政治的、道德的、专业的修养和素质,成为社会主义现代化合格的建设者、卓越的开拓者。但是中外古今书籍浩若烟海,怎样选择书目,如何辨别精华糟粕、是非曲直,怎样吸取精髓、弃去皮毛,都是关系至巨的问题。

有些书,是智慧的殿堂,珍藏着人生思想的精英,是金玉良言的宝库。有些书,却藏垢纳污,孳生并散布着病菌和毒素。

有的书,像希腊神话的美德女神,把人引向坦途,造福人类。有的书,则像希腊神话中的恶德女神,把人引向歧路,危害社会。

过去,在德国有些青年,由于读了希特勒《我的奋斗》一书,走上了纳粹道路,变成了希特勒的殉葬品。马克思、恩格斯的《共产党宣言》一书,以它的科学社会主义思想,在全世界培育了一代又一代具有坚定共产主义信念的共产党人,献身解放全人类的壮丽理想,创建了社会主义国家。所以,《共产党宣言》这部书,就被认为是共产主义的教科书,是"歌中之歌"。

蒋介石的《中国之命运》,是旧中国黑暗的象征;而毛主席的《毛泽东选集》却是新中国的宣言书。

不少青年是在《青春之歌》声中走向生活的;有些青年却在《精神病患者的悲歌》声中走向堕落。

罪恶的书,给人类带来祸患;伟大的书,给人类带来光明。总而言之,不同的书会塑造不同的人,产生不同的社会效果。

我们是为振兴中华而读书的,面对浩瀚的书海,不仅需要正确选读,而且需要善读和慎读。因此,切实帮助和诱导青少年正确地对待书与读书问题,是十分重要的、迫切的任务。

把书读到寂静的程度

与你共品
yu ni gong pin

　　我们的学习、生活和成长是离不开书的,从书中汲取营养来充实自己,这是我们读书的目的,但并不是任何一本书都会让你达到这个目的的。读完这篇文章,是否对你应如何读书有所裨益?

个性独悟
ge xing du wu

　　★我们是为振兴中华而读书的,在文章中,作者对我们读书的目的有详细解说,试用曲线画出来。
　　★你认为正确的读书态度应该是什么?
　　★说说文中提到的各种书的不同价值。

快乐阅读
kuai le yue du

读书与藏书 / ··· [瑞士]赫尔曼·黑塞

　　每一张印了字的纸都代表一种价值,所有的印刷品都源于精神工作,应该得到尊重,这种看法在我们这儿已经过时了。现在,无论在大海之滨或荒山之上很难再找到一个不在印刷品泛滥之灾中灭顶的人。很少有人会认为一份日历、一本小册子、甚或一张报纸有价值,该留起来。我们已习惯不付钱而收到一大堆印刷品,我们对中国人将写过字或印了字的纸视为神圣的行为感到可笑。

　　虽然如此,尊重书的传统仍然保存下来了。免费送书以及甩卖书籍的事是到了最近才有的事。德国人藏书的兴趣看来正在增长之中。

当然，一般人对真正意义上的藏书还缺乏了解。许多人可以为啤酒或去小歌舞厅花钱，却不肯以这些费用的十分之一去买书，另一些比较老式的人则把书当圣物，让它在客厅里铺着绒垫子的桌上蒙灰过日。

基本上每一个真正的读者也会是书的友人。一个知道用心去接受书、去爱它的人，也会想尽可能地拥有它，可以随时再读一遍，永远在近处，随时拿得着。借书，读完了送回去，这事很简单，只是，大多数情况下，书还掉之后，所读的也就忘得差不多了。有的人每天可以生吞活剥下一本书，尤其是清闲的妇女，对这样的人，租书馆是个好去处，因为这样的人并不想收藏宝藏、赢得朋友、丰富生活，他们只想满足一下欲望。这样的读者只有随他们的恶习去摆布了。戈特弗里德·凯勒曾为这类人画过惟妙惟肖的画像。

对一个好读者而言，读一本书就是认识一个陌生人的本质和他的思维方式，去理解他，可能的话和他成为朋友。特别是读诗人的作品，我们认识的不仅是书中那小圈子里的人物和围绕他们的事件，更主要的是诗人本身，他的生活和观察方式、他的性情、他的内心面貌，还有他的手迹、他的艺术手法、他思想上语言上的节奏。一个人如果被一本书吸引住，开始去认识作者、去理解他，与书发生一种亲密的关系，这时，书才对他产生真正的影响。他自然想保有这本书，也就是说，他要买下它，在想读的时候就能读，在需要的时候可以在它里面生活。只买其语调和灵魂能打动自己的书，这样的人很快就会不再毫无目的地生吞活剥随便什么书了，他会圈定范围，选择一些比较有价值的书，他在其中可以找到快乐和知识的书。无论如何，这样一个范围要比偶然遇到什么就读什么好多了。

我们不能说有哪一千本或一百本书是"最好的书"，但可以说每一个人都有一些他读得懂、感到与自己接近、觉得喜爱并有价值的书。因此，个人藏书不能成批定购，每个人都应按照自己的需要和爱好逐渐选购，就像他交朋友一样。这样，他的少量藏书对他就意味着全世界。正是那些非常好的读者，他们所需要的书为数不多，有些农村妇女一生只拥有一本《圣经》，而她们从中所获得的知识、慰藉和乐趣却远比一些拥有贵重藏书的富人多得多。

书的效应真是十分奥妙，每个父亲、每个教育者都有过这样的经验，他们及时给孩子送上一本自认非常好的书，结果却必须承认失败，咨询和善意的监护虽说也有一定的益处，但事实上无论年长年幼，要进入书的世界，每个人都应当走自己的道路。有些人在早年便喜爱诗人的作品，而有些人则要经过长年的时光才能体验到其中之妙处。书可以从荷马开始读到陀思妥耶夫斯基，也可

把书读到寂静的程度

以以相反的顺序读,可以从小先读诗人的作品,最后转向哲学著作,也可以反其道而行。读书,真是有上百种不同的方式与道路。然而,要自我教育、要通过书籍使精神成长则只有一条道路,那就是尊重自己所读的书。有耐心和意愿去弄懂它,谦虚地认可它、听它说。只为消遣而读书的人,所读的书再多再好,过后会忘,读后与读前同样贫乏。读书像在听友人说话,这样的人,书会向他展露自己,成为他的所有。他所读的书不会丢失,会成为他的所有,会留在他身上,会做只有朋友能做的事,使他欣喜,使他得到安慰。

与你共品
yu ni gong pin

　　本文给人的启示是:我们不能说有哪一千本或一百本书是"最好的书",但可以说每一个人都有一些他读得懂、感到与自己接近、觉得喜爱并有价值的书。"有些农村妇女一生只拥有一本《圣经》,而她们从中所获得的知识、慰藉和乐趣却远比一些拥有贵重藏书的富人多得多。"怎么样?茅塞顿开了吧!学知识与读书,在于精,在于抓住重点而不在贪多,这才是取得好效果的真正"窍门"。

　　学子经常用"书山有路勤为径"这句话来鼓励自己要多看书、多背书、要抓紧分分秒秒。结果白天学不算,还要开夜车赶工,不仅把自己弄得疲惫不堪,而且学习成绩也没有什么改进。为什么会适得其反呢?原因就在于盲从、贪多,没能抓住"窍门",学知识不求精。这样既浪费了时间又没效果。所以我们在学习过程中要有重点、抓关键、不要贪多而要在"求精"上多下功夫,做到既勤又准。

　　无论在学习中,还是在生活中,我们都需要"求精"这一"窍门",更应该掌握这一窍门。

★从文中哪些叙述可以看得出"一般人对真正意义上的藏书还缺乏了解"?

★在作者看来,多读书籍,受益无穷,特别是多读一点诗,更是如此。那么,到底有哪些好处呢?

★关于"书籍"和赞美"书籍"的哲言睿语很多,你能列举出多少?请至少写出两句来。

谈谈资料的积累 / ···佚 名

我们读一些科学名著,常常为它们旨高意远,体大思精,立论谨严,搜罗丰富而感叹不已。同时不禁要问:作者从哪里来这么多的思想和资料呢?其实,这绝非朝夕之功,而是日积月累辛勤劳动的结晶。正如涓涓不息的小流汇成江河,资料也是靠天长日久的积累获得的。

据不完全统计,马克思为了写《资本论》,曾钻研过1500多种书,而且都作了提要。这种工作毅力使人惊服。列宁也一样,善于从各种来源中,包括托尔斯泰、屠格涅夫等人的文学作品在内,汲取他需要的材料。

读书应做有心人。要善于在平时逐渐搜集对日后有用的资料,把它们写成笔记。有各种各样的笔记:有些是简单的摘录;有些加进自己的见解,成了创作的半成品;而另一些则是相当完善的精致短篇。零件既备,大器何难?一旦需要时,就可以在更高、非一般的观点和思想指导下把它们组织起来,使之成为有重大价值的科学著作。

唐代著名诗人李贺,《新唐书》说他:"每旦日出……背古锦囊。遇所得,书投囊中……及暮归，足成之，……日率如此。"可见他随时随地都在搜集资料，然后"足成之"以制佳篇。相传王勃的《滕王阁序》，是对客挥毫一气呵成的。但我深信，王勃也一定是平日积累了许多清辞丽句，并且打下腹稿，做了充分准备，才能当场吐玉泻珠，写出了这篇骈体文的压卷名作来。

鲁迅也很重视资料积累。为了研究中国小说史，他从上千卷书中寻找所需的资料。《古小说钩沉》《唐宋传奇集》等书就是他辛勤辑录的成果。正如他自己所说："废寝辍食，锐意穷搜。"他的勤奋态度和认真精神，值得我们很好地学习。

达尔文是善于直接向大自然索取第一手资料的能手。从1831年踏上军舰作航行考察时开始，他就孜孜不倦地搜集各种珍贵植物和地质标本，挖掘古生物化石，研究生物遗骸，观察荒岛上许多生物的习性。经过二十七年长期的资料积累和分析，终于发表了轰动一时的《物种起源》。

没有渐变，不会有质变；没数量就谈不上质量。只有平时多学习，多积累，才有可能产生高水平的创作。荀子说："不积跬步，无以至千里；不积小流，无以成江海。"大概就是这个意思吧。

与你共品
yu ni gong pin

　　　文章针对生活中人们常会遇到的现象开篇立论，开门见山地提出文章的中心论点："资料也是靠天长日久的积累获得的"。然后紧紧围绕这个中心论点，各有侧重地选择材料，既选择了马克思、列宁、李贺、王勃、鲁迅、达尔文等名人的事例，又选择了先哲荀子的语录作论据，真实而典型。运用举例论证和道理论证的论证方法，充分有力地证明中心论点。

　　文章言简意赅，既摆事实又讲道理，令人信服，易于接受。

个性独悟
ge xing du wu

★本文举了哪些方面的例子来论证观点？每一个例子各自论证了什么观点？

作文链接
zuo wen lian jie

读/···李 铮

什么是读？我曾百思不得其解。灵感告诉我：你应该去请教高人。于是，我展开灵感给予我的双翼，穿越时空，来到智慧的殿堂。

"床前明月光，疑是地上霜……"咦，那不是唐朝诗人李白吗？这"诗仙"一定会告诉我的。"太白先生，打扰一下，你能告诉我什么是读吗？""读？""诗仙"的双眉皱了一下，接着睁大眼睛告诉我："读，乃读书也。子不闻杜工部'读书破万卷，下笔如有神'乎？"我连忙道谢，继续前行，发现了欧阳修先生，向他问了相同的问题。永叔先生沉思了一下，说："读，盖为熟罢！汝可知《卖油翁》之典？老翁所以胜出，惟手熟尔。读亦然。'书读百遍，其义自见。'此乃古人遗训，汝要牢记。"我似乎又明白了一些，道过谢，又往前。远远地看见钱钟书与杨绛夫妇二人。我连忙追上去："请问两位前辈，什么是读？"钱钟书先生推推眼镜，说："读，乃是读人，读生活。读人又可细分为读人心，读人言，读人行。故人可分为三六九等。当然，读对方鸿渐来说，还包括读爱情。"杨绛女士笑着接过来说："读，还包括读自然。你可以读出风在低吟，花在舞蹈，鸟在鸣唱；你可以读出海的宏大，日的光明，天的辽阔。"我会意，挥挥手，含笑而归。途中正好碰到鲁迅先生。我恭恭敬敬地问："先生，什么是读呢？"鲁迅先生微微一笑："读的内容很多，但对一个胸怀大志的人来说，读社会最为重要。"说到这里，先生的目光开始变得坚定起来，"当然读社会不能只读光明，只有独具慧眼地去读黑暗的一面，勇敢地去抨击那黑暗一面的，才是条真汉子！"我郑重地点点头。尔后，我又陆续遇到了朱自清、李敖、毕淑敏、叶倾城、海岩、韩寒……对于"读",他们都给了我不同的答案。

当我借着灵感的双翼飞到家时,我明白了,"读"的答案虽然很多,但不能只在"什么是读"上伤脑筋。一个人,只要懂得了应该读什么、怎样读,那他就已经理解了读的真正含义。

【简　评】

文章构思新颖、内容丰富、思路清晰、概括简洁、文字优美、富有创造性。

小作者将古今名人聚拢一堂,让他们畅谈关于"读"的看法,而各位名家对于"读"的看法,其实正是小作者的睿智见解,其写作方法何等巧妙!

与书相伴 / · · · 康晓烨

冥冥之中,我越来越深刻地感觉到:除了亲情、衣食,谁还支撑着我生命另外的三分之一?是书,这用知识铸就的擎天柱,一个生命中最宝贵的精神支柱。

读 好 书

我首次结识书,已年过7岁,对大凡实施早期教育的家庭,这是迟延了不少光阴,但这并不影响我和书的感情。初次抚摸书——哥哥的课本,双手像捧着玛瑙翡翠,似浸入如油春雨,又如触到西子的粉颊。

封面,滑溜溜的细腻。将书捻捻,哗啦哗啦,双手又像被雨后的飒飒西风亲吻,像用珠粉牛乳沐浴,像掠到了嫦娥的锦缎云裳。

纸张,麻酥酥地爽心。第六感觉告诉我:"好书。"

我将注意力移到书的"心灵"中。啊,原来这里别有一番天地。"三十六计""七十二阵""诗书礼易""琴棋书画""真善美,假恶丑"……它的精髓,它的真谛,无一不是我们宝贵的财富。它使我的灵魂得到洗礼,使我的言行得到规范。

这,便是"好书"。

好 读 书

约莫十一二岁,体会到将一本好书中的营养真正分解、吸收,"好读"是不可或缺的消化液。"书非借而不能读""书读百遍,其义自见"便是写照。读书,是一种享受,一种乐趣。

倚着晨曦,揣上本《骆驼祥子》放声朗读,阳春美景中无不弥漫着醉人的情趣:瞧,祥子悠闲地拉着人力车,迈着矫健的步子与我擦身而过……

或是靠着齐整洁净的书架,随意取出本蒙了一层薄尘的《居里夫人传》,默默领会,当即沐浴在清幽的书香之中,被这位"镭之母"冷眉墨裙的朴素美和那博大的胸襟感染,不能不为之赞叹:一位无瑕的科学巨匠哟!

好书,我的"偶像",我的"心肝儿",爱读它,无须问为什么。

读 书 好

"好书=净友"——初中以来与书接触的最大感受。

它着实令我获益匪浅。这"益"不仅仅指成绩优秀,能说会道,出尽风头,更给了我极大的精神慰藉。

"要诚实,要勤劳,要忠孝,要创新,要学会忍耐,要……"生活中点点滴滴的"经事妙方",哪一点不是听了"书"这位良师的谆谆告诫?哪一点不是受了"书"这位益友的帮助与激励?体会它的意蕴,吸取它的精髓,以使自己得到升华吧,这样才无愧于书。

好书,打磨我,塑造我,雕琢我。没有它的陪伴,即使活到百岁,生活又有何斑斓呢?

未来的路,亦是用书铺成的,它将引导我直达辉煌的彼岸。

把书读到寂静的程度

【简 评】

jian ping

　　整篇文章共有三个小标题，层层推演，步步深入，构思新巧，意旨醇厚，文首用冰心的话引领全文，突出了主题，令人深思，引人一读为快。

"书读百遍，其义自见"质疑／···侯春红

　　古人云"书读百遍，其义自见"，后人常以此勉励读书人，认为只要多读，就自然地懂得书中的含义，并把这视为传统经验。果真如此吗？我并不这样看。

　　封建社会的儒生，整日捧着四书五经，摇头晃脑地读得滚瓜烂熟，然而满口之乎者也的先生们也未必懂得书中的真义！

　　所谓"见其义"，是指真正了解书中的含义，而读书百遍只是指读书的次数多少而已。读者若不加以认真思考，其义何以"自见"？更不用说将书本知识消化吸收。看来，我们应该把"读书＝见义"这个公式改为"读书＋思考＝见义"。在此，"思考"就像化学反应中的催化剂一样，没有它的作用，任凭反应物堆砌得再多，反应速率也是缓慢的。反之，有了它，反应物就会迅速发生变化并被消化和吸收，然后变成能量输出。无怪乎高尔基扑在书上，就像饥饿的人扑在面包上。而对于只顾读书却不善于思考的人来说，这块面包即使咽下去，也无论如何消化不了的。

　　画坛巨匠达·芬奇，由画蛋始而步入艺术殿堂，这是众所周知的。但他若不是每画一个蛋都细心揣摩，从中发现绘画的奥妙，并且每次都有新的发现，新的体会，只是百遍而已，那么可以断言，他就不能为后世留下不朽作品《蒙娜丽莎》和《最后的晚餐》了。

　　要知道，学习是一项极其艰苦的脑力劳动，要有所收获，绝不是简单的重复就能办到。孔子曰："学而不思则罔。"善于思考可谓人类区别于动物的重要标志。人们之所以能获得知识，不管来自于实践，还是来自于科学理论，都离不开思考。如果我们丢掉思考，而一味强调书读"百遍"、信奉这样的教条、相信"其义自见"，除了解除自己的思维之外，还能有什么积极意义呢？如果我们正

视现实,就该承认,很多现象人们早就看见过不止千次万次了,但总是不解其意,反而陷于迷茫之中。

当然,我并不否认读书的重要性,因为人们要获得知识,就得汲取前人智慧的结晶,理所当然要读书,而且要熟读,我只想说仅仅停留在读十遍百遍上,那是不可能"其义自见"的,因为忽视了思考,那就将一无所得!

如果说"读书百遍,其义自见",在封建社会对于那些终日忙着追求名利的腐儒来说,尚有一点现实意义的话,那么在科技迅速发展的今天,它就是陈旧学习方法的代名词了。难道我们新时代的读书人还能将其视为宝贝吗?

世易时移,变"读书法"宜矣。

【简　评】

本文写得有张有弛,思路明晰,观点独特,道理讲得充分且严密,例子典型、实际,名言引用恰当,说服力强。作者运用反向思维去突破传统观点,不人云亦云,不墨守旧说。今天我们正需要这种眼光和胆识去创新求知。

学与思 / ···佚　名

两千多年前的教育家孔子曾经说过:"学而不思则罔",意思是说,一个人的学习,倘若只是死记硬背,而不加以思考、消化,那他就毫无收获。孔子的话是很有道理的。

一个人从接受知识到运用知识的过程,实际上就是记与识、学与思的过程。学是思的基础,思是学的深化。只学不思,正如人摄取食物的过程,那是不加咀嚼,囫囵吞枣,食而不化,难以吸收,所学知识无法化为"己有"。只有学而思之,才能将所学的知识融会贯通,举一反三。

学与思相结合,是掌握知识过程中的必由之路。古今中外成功者的事例无不证明了这一点。在马列主义传播到中国大地的时候,以毛泽东、周恩来等为代表的共产主义者,在汲取马列主义精髓的同时,结合中国实情,"走农村包围城市"的革命战争道路,最终缔造了社会主义新中国。试想,革命先辈如果不是学而思、思而行,一味生搬硬套,教条主义,那中国革命岂不要断送在王明之流的"左"倾教条主义者手中?文艺复兴时期的大科学家伽利略,倘若不是在学习中独立思考,"两个铁球同时着地"的实验结论能在当时产生吗?人类能够及早挣脱亚里士多德的错误理论的束缚吗?学而思,思而行,正是这些伟人成功的经验,同样也是人类进步的动力之源。

今天正是"知识爆炸"的时代,知识的领域在不到一个世纪的时间里,不知扩大了多少倍。"吾生也有涯,而知也无涯",面对如此浩瀚的知识海洋,光靠死记硬背是不可能达到光明彼岸的。因此,美国教育界正在努力改革原有的教学体制,力求培养学生的思考能力和创造能力,以适应明天的科学。欧洲、日本纷纷步其后尘,我们中国的教育体制改革也迫在眉睫,势在必行。明天的创造型人才,正是要从今天的学生中培养。所以,我们更应该做到:在学习中思考,在思考中提出独立的见解,培养自己的思考能力,来等候明天的选择。

在学习中独立思考,是学者、大师们成功的经验,是人类进步的动力源泉,而培养学生这一能力,是今天中国在明天得以崛起的希望。

【简 评】

本文准确把握材料主旨,观点鲜明,结构完整,条理清楚,说理充分,语言准确、生动、流畅。

文章以"学与思"为标题,简洁明了,点明了文章主旨。以孔子名言"学而不思则罔"开篇,说明"学思同步"的重要性。然后从掌握知识的过程阐明学与思的辩证关系,同时用类比论证的方法说明"学而不思"的害处和"学而思之"的益处,从理论上初步明确中心。接着进行事例论证,并联系时代特征,进一步阐明"学思"结合的巨大现实意义,深化了论点。结尾总结全文,提升主题。

享受读书的快乐

学 习 卷

世上所有的一切都在书里，世上没有的一切也都在书里。

　　有一个人一直想成功,为此,他做过种种尝试,但到头来都以失败告终。

　　他非常苦恼,就跑去问他的父亲。他的父亲是一个老船员,他意味深长地对儿子说:"要想有船来,就必须修建自己的码头。"儿子听了这话沉思了良久。

　　这之后,他不再四处尝试,而是静下心来好好读书。后来,他不但上了大学,而且成了令人羡慕的博士后。不少公司现在都请他加盟。

　　在竞争激烈的当今社会,知识是自己立身的惟一资本,"问渠哪得清如许,为有源头活水来",不断地充实自己,努力为自己修建一座高质量的码头,这是人生最好的忠告之一。

把书读到寂静的程度／···潘永翔

我为什么要读书呢？

我想读书对于我以及所有像我一样想活得更好一些的人来说，都是十分必要的，就像吃饭和喝水一样必需。我读书的目的很自私，不是要把自己变得多么高尚，而是要使自己活得更明白、更好、更愉快一些。因此，我读一些我爱读并能使我快乐的书。如果读书是为了改变什么什么，或者为了贡献什么什么，我宁肯不读。否则累死我不说，我还读不下去。再者说，当你满怀热忱地为之苦读并立下大志的时候，回过头你会发现，你也根本改变不了什么。

我有一个同学，上学时净到图书馆借一些大部头的某某人的思想类著作读，我一看就头疼。而这个同学却读得津津有味，并煞有介事地说：要研究人类思想发展史，推动人类社会进步。我对他肃然起敬，但心里真的很同情他，也替他累。前几年听说他下海了，先是搞传销，后来从南方往北方倒腾一些化妆品之类的东西。不知道他是否还在研究人类发展史，是否推动历史车轮向前转动了几圈？

所以，我读书是为了一种精神上的愉悦，为了让自己寻到一种生活之外的快乐，为我喜欢的那些作家和喜欢的作品而读书。但是，我在读书的快乐中学到了知识，开阔了视野，增长了见识——这是我读书的副产品。

我喜欢读书的原因之一是迷恋语言营造的迷宫以及由它产生的快感。这些靠语言搭建的迷宫就像英国乡间古老的城堡，神秘、豪华、宁静，带有一点点陈腐的诱人的气息。在这里可以圆你的白日梦，可以让你体会飞的感觉，让你在想象里飞翔。在几乎窒息的现实中有个空间让你自由飞翔，那诱惑当然无法抵抗。在城市日渐繁杂的喧嚣中，在沉重生活的缝隙中，我们躲在城市一角的小楼里，灰暗的灯光照耀着我们苍白的脸，我们颤抖着双手，捧起那些令我们激动无比的书，开始阅读。读那些具有精神重建价值的书籍。读艾略特的《荒原》，我为那些带有厮杀性质的句子拍案叫绝，艾略特带有神经质的幻想，就像雷雨一样，震撼着我孤寂的心灵。读卡夫卡的《城堡》，那种神秘而幽静的气氛一直笼罩在我的现实生活中。那若有若无、虚实相间的故事让你觉得生活原本如此。读毛姆的《月亮和六便士》，塔希提岛的那种对城市生活的背叛，对原始、古老、淳朴生活的缅怀，至今吸引着我。读海明威的《流动的圣节》，我们看到了一个被海明威还原了的巴黎，一个充盈着生趣和灵感的地方，一个不标榜浪漫却特别浪漫的地方。你可以随着海明威的笔，去拜访塞纳河、丁香园咖啡馆、罗浮宫、巴黎圣母院等。你还可以坐在露天公园里欣赏巴黎姑娘的魅力和浪漫。而塞林格的《麦田守望者》中"坏孩子"霍尔顿的体验与《月亮和六便士》中的思德里克兰德有异曲同工之妙，霍尔顿的麦田和塔希提岛都是幻想中的伊甸园，人类精神最后的理想归宿。

久居城市之后，喧嚣的生活让人们向往书中那些安静、悠闲、轻松、充满人文精神的生活。手捧心仪已久的书籍，仔细地品味、咀嚼书中的宁静和快感，是生活中不可多得的享受。在寂静中医治生活的创伤，在书中寻找精神的快慰，洗去生活带来的繁重，洗去心灵的灰尘，于寂静中体会人类思想的精髓。

把书读到寂静的程度，在寂静中分享人类共有的精神财富，在寂静中体会人生的滋味；把书读到心灵里，在人类共同的精神世界里，升华我们的思想，生活的快乐就在其中了。

与你共品
yu ni gong pin

能把书读到寂静这份上的人是懂得生活真谛的人。本文阐述了作者读书的目的是在寂静中医治生活的创伤，在书中寻找精神的快慰，荡涤生活带来的繁役，洗去蒙在心灵上的灰尘，体会人类思想的精髓。

★文中列举的那些作品都是具有精神重建价值的书籍。请举出你自己的实例加以阐释。

★"把书读到寂静的程度"有何作用？

★文章前面讲"如果读书是为了改变什么什么，或者为了贡献什么什么，我宁肯不读"，文章后面又讲了读书的种种好处，似乎前后矛盾，你是如何理解的？

读书的习惯重于方法 / ··· 胡　适

读书会进行的步骤，也可以说是采取的方式大概不外三种：

第一种是大家共同选定一本书来读，然后互相交换自己的心得及感想。

第二种是由下往上的自动方式，就是先由会员共同选定某一个专题，限定范围，再由指导者按此范围拟定详细节目，指定参考书籍。每人须于一定期限内做成报告。

第三种是先由导师拟定许多题目，再由各会员任意选定。研究完毕后写成报告。

至于读书的方法我已经讲了十多年，不过在目前我觉得读书全凭先养成好读书的习惯。读书无捷径，是没有什么简便省力的方法可言的。读书的习惯可分为三点：一是勤，二是慎，三是谦。

勤苦耐劳是成功的基础，做学问更不能欺己欺人，所以非勤不可。其次，谨慎小心也是很重要的，清代的汉学家著名的如高邮王氏父子、段茂堂等的成功，都是遇事不肯轻易放过，旁人看不见的自己便可看见了。如今的放大几千万倍的显微镜，也不过想把从前看不见的东西现在都看见罢了。谦就是态度的

把书读到寂静的程度

谦虚,自己万不可先存一点成见,总要不分地域门户,一概虚心地加以考察后,再决定取舍。这三点都是很要紧的。

其次还有个买书的习惯也是必要的,闲时可多往书摊上逛逛,无论什么书都要去摸一摸,你的兴趣就是凭你伸手乱摸后才知道的。图书馆里虽有许多的书供你参考,然而这是不够的。因为你想往上圈画一下都不能,更不能随便地批写。所以至少像对于自己所学的有关的几本必备书籍,无论如何,就是少买一双皮鞋,这些书是非买不可的。

青年人要读书,不必先谈方法,要紧的是先养成好读书、好买书的习惯。

与你共品
yu ni gong pin

本文是胡适先生为青年人提出的关于"读书方法"和"如何养成读书习惯"的指导,胡适先生首先指出"读书会"可以采取的三种方法,接着向青年人讲述了如何养成读书的习惯。从胡适的文章里可以看出,他认为,想要养成读书的好习惯,最重要的就是一勤、二慎、三谦。

个性独悟
ge xing du wu

★文章以"读书的习惯重于方法"为题,表达了胡适先生怎样的读书态度?

★文章说"读书的习惯重于方法",你是否同意这样观点?并请说明理由。

★在文中,作者提出了哪几种关于读书的习惯?请说说你对这些习惯是否认可。

★这篇文章对你有什么启示?

快乐阅读
kuai le yue du

读书苦乐 / ···杨 绛

读书钻研学问，当然得下苦功夫。为应考试、为写论文、为求学位，大概都得苦读。陶渊明好读书，如果他生于当今之世，要去考大学，或考研究院，或考什么"托福"，难免会有些困难吧？我只愁他政治经济学不能及格呢，这还不是因为他"不求甚解"。

我曾挨过几下"棍子"，说我读书"追求精神享受"。我当时只好低头认罪。我也承认自己确实不是苦读。不过，"乐在其中"并不等于追求享受。这话可为知者言，不足为外人道也。

我觉得读书好比串门儿——"隐身"的串门儿。要参见钦佩的老师或拜谒有名的学者，不必事前打招呼求见，也不怕搅扰主人，翻开书就闯进大门，翻过几页就升堂入室；而且可以经常去，时刻去，如果不得要领，还可以不辞而别，或者另找高明，和他对质。不问我们要拜见的主人住在国内国外，不问他属于现代古代，不问他什么专业，不问他讲正经大道理或聊天说笑，都可以挨近前去听个足够。我们可以恭恭敬敬旁听孔门弟子追述夫子遗言，也不妨淘气地笑问"言必称'亦曰仁义而已矣'的孟夫子"，他如果生在我们同一个时代，会不会是一位马列主义老先生呀？我们可以在苏格拉底临刑前守在他身边，听他和一位朋友谈话；也可以对斯多葛派伊匹克悌武斯的《金玉良言》思考怀疑。我们可以倾听前朝列代的遗闻逸事，也可以领教当代最奥妙的创新理论或有意惊人的故作高论。反正话不投机或言不入耳，不妨抽身退场，甚至砰一下推上大门——就是说，拍地合上书面——谁也不会嗔怪。这是书以外世界里难得的自由！

壶公悬挂的一把壶里，别有天地日月。每一本书——不论小说、戏剧、传记、日记，以至散文诗词，都别有天地，别有日月星辰，而且还有生存其间的人物。我们很不必巴巴地赶赴某地，花钱买门票去看些仿造赝品或"栩栩如生"的替身，只要翻开一页书，走入真境，遇见真人，就可以亲亲切切地观赏一番。

说什么"欲穷千里目，更上一层楼"！我们连脚底下地球的那一面都看得见,而且顷刻可到。尽管古人把书说成"浩如烟海",书的世界却真正的"天涯若比邻",这话绝不是唯心的比拟。世界再大也没有阻隔。佛说"三千大千世界",可算太极了。书的境地呢,"现在输送"还加上"过去界",也带上"未来界",实在是包罗万象,罗通三界。而我们却可以足不出户,在这里随意阅历,随时拜师求教。谁说读书人目光短浅,不通人情,不关心世事呢! 这里可得到很丰富的经历,可认识各时各地多种多样的人。经常在书里"串门儿",至少也可以脱去几分愚昧,多长几个心眼儿吧? 我们看到道貌岸然、满口豪言壮语的大人先生,不必气馁胆怯,因为他们本人家里尽管没开放门户,没让人闯入,他们的亲友家我们总到过,自会认识他们虚架子后面的真嘴脸。

可惜我们"串门"时"隐"而犹存的"身",毕竟只是凡胎俗骨。我们没有如来佛的慧眼,把人世间把几千年积累的智慧一览无余,只好时刻记住庄子"生也有涯而知也无涯"的名言。我们只是朝生暮死的虫豸(还不是孙大圣毫毛变成的虫儿),钻入书中世界,这边爬爬,那边停停,有时遇到心仪的人,听到惬意的话,或者对心上悬挂的问题偶有所得,就好比开了心窍,乐以妄言。这个"乐"和"追求享受"该不是一回事吧?

与你共品

这是一篇阐发读书苦与乐,侧重于谈乐的文章。人们对读书的体会往往是读书之时很苦,得道之后方品出乐来。而看作者的读书方法、读书的态度,你就不会觉得读书是一份多么苦的差事了。本文最大的特点是语言清新生动,幽默风趣,极有文采,作者将自己多年读书之经验寓理于事中,希望每一位读书人不妨按照作者所言去"串门",去领略"天地日月",去钻入书中世界。

★作者提陶渊明是调侃,还是有其他之意?陶渊明的"不求甚解"古今之意有什么区别?

★怎样理解"这是书以外世界里难得的自由"?

★"生也有涯而知也无涯"这句话是什么意思?作者在此引庄子这句话有什么作用?

★作者为什么要说"我们只是朝生暮死的虫豸"?

快乐阅读
kuai le yue du

与书为友 / ··· [英] 塞缪尔·斯迈尔斯

欲知其人,常可观其所读之书,恰如观其所交之友。与书为友如同与人为友,都应与其最佳最善者常相伴依。

好书可引为净友,一如既往,永不改变,耐心相伴,陶陶其乐。当我们身陷困境或处于危难,好书终不会幡然变脸。好书与我们亲善相处,年轻时从中汲取乐趣与教诲,到鬓发染霜,则带给我们以亲抚和安慰。

同好一书之人,往往可以发现彼此间习性也有相近,恰如二人同好一友,彼此间也可引以为友。古时有句名谚:"爱我及犬",若谓为"爱我及书",则更不失为一智语。人们交往若以书为纽带,则情谊更为真挚高尚。对同一作家之钟爱,使人们的民思所感,欣赏与同情,都能交相融会。作家与读者,读者与作家,也能相知相通。

英国文艺评论家赫兹利特说:"书籍深透人心,诗随血液循环。少小所读,至老犹记。书中所言他人之事,却使我们如同身历其境。无论何地,好书无须倾尽其囊,使可得之。而我们的呼吸也会充满了书香之气。"

一本好书常可视作生命的最佳归宿,一生所思所想之精华尽在其中。对大

把书读到寂静的程度

多数人而言,他的一生便是思想的一生,因此好书即为金玉良言与思想光华之总成,令人感铭于心,爱不忍释,成为我们相随之伴侣与慰藉。菲利浦·西德尼爵士言:"与高尚思想相伴者永不孤独。"当诱惑袭来,高尚纯美的思想便会像仁慈的天使,翩然降临,一扫杂念,守护心灵。高尚行为的愿望随之产生。良言善语常会激发出畅举嘉行。

书籍具有不朽的本质,在人类所有的奋斗中,唯有书籍最能经受岁月的磨蚀。庙宇与雕像在风雨中颓毁坍塌了,而经典之籍则与世长存。伟大的思想能挣脱时光的束缚,即使是千百年前的真知灼见,时至今日新颖如故,熠熠生辉。只在拂动书页,当时所言便历历在目,犹如亲闻。时间的作用淘汰了粗劣制品。就文学而言,只有经典明言(明智睿哲的话)方能经久传世。

书籍将我们引入到一个高尚的社会,在那里,历代圣人贤士群聚,仿佛与我们同处一堂,让我们亲聆所言,亲见所行,心心相印,欢悦与共,悲哀同历。我们仿佛也嗅到他们的气息,成为与他们同时登台的演员,在他们描绘的场景中生活、呼吸。

凡真知灼见决不会消逝于当世,书籍记载其精华而远播天下,永成佳音,至今为有识之士倾耳聆听。古时先贤之影响,仍融入我们生活的氛围,我们仍能时时感受到逝去已久的人杰们一如当年,活力永存。

与你共品
yu ni gong pin

选自《世界美文精华》。塞缪尔·斯迈尔斯(1812~1904),英国作家。主要作品有《自助》《性格》《责任》等。

书籍,人类智慧的结晶,导引世人走向进步的灯塔,当然这是就良书佳作而言。本文作者秉笔畅谈以书为友的道理,认为好书可引为诤友,可视作生命的最佳归宿,可将我们引入一个高尚的社会,书籍记载的精华会远播天下,永成佳音。

阅读本文,我们会感受到作者的良苦用心,他是在向我们介绍最高尚最真诚的朋友,从而会使我们更加接近文明、传播文明,使我们的呼吸充满书香之气。应认真理解作者对书籍评价的语句,了解与书为友的益处。

个性独悟
ge xing du wu

　　★文章开篇点题,你能说说"欲知其人,常可观其所读之书"的含义吗?

　　★为什么说好书可引为诤友?

　　★谈谈英国文艺评论家赫兹利特所说的"书籍深透人心,诗随血液循环"的含义。

　　★为什么说"凡真知灼见决不会消逝于当世"?

快乐阅读
kuai le yue du

阿尔卑斯山谷的标语牌/ ···言 非

　　据说,阿尔卑斯山谷中过去竖立过一块写着"慢些走,欣赏!"的标语牌,意在劝告性急的旅游者放慢行进的速度,在欣赏的同时增加一些品味的思索的成分,从而获得更深一层的美感。

　　其实,这块标语牌不仅适用于旅游者,对读书人也会有所启发。陶铸同志就曾说过:"做学问的功夫,是细嚼慢咽的功夫。好比吃饭一样,要嚼得烂,才好消化,才会对人体有益。"而细嚼慢咽的过程,正是品味和思索的过程。有人把读书叫作"吃书",是十分形象和贴切的。大凡有成就的学者都是善于"吃书"的人。著名翻译家林纾为了提高撰译文章的水平,就曾花八年时间读《史记》用八年时间啃《汉书》,对韩愈的文章则反反复复品味了四十年。他"吃书"之时,常常把文章铺在桌上,每天打开读一遍,读了又盖住,探求精蕴达数月,直到装入脑海才另换一篇。

　　有些青年,读书贪多求快,一本书到他们手里,三下五除二就看完了。最初看来似乎很有成绩,一旦应用,却是一锅夹生饭。要想深刻掌握一本书、一门学问、一种理论,用"不求甚解""观其大略"的方法都是难以奏效的。只有扎扎实

把书读到寂静的程度

实，反复钻研，务求精熟，牢固记忆，才能把学过的知识变成自己的精神财富，一旦需要，才能如鱼跃鸢飞，涌现脑际。

当然，青年人求知欲旺盛，希望提高自己的阅读能力，加快阅读速度，也是无可非议的。但最好是慢中求快，稳中求快。人的大脑和人的胃很有相似之处，都不大喜欢囫囵吞枣式的进食方法。假如书读得太快，超过了大脑的实际具有的工作能力，大量的信息来不及消化和处理，恐怕就有患"消化不良"的危险了。尤其是阅历尚浅，读书不富的青年，知识的积累和对问题的理解能力都还有待提高，单纯追求速度更不会有什么好处，只能像那位揠苗助长的农夫一样，落个适得其反的结果。对于有志于学问的青年来说，不妨模仿阿尔卑斯山谷，在自己的心中竖立一座标语牌，写上："慢些读，思考！"这样，我们或许能进步得更快一些。

与你共品
yu ni gong pin

本文选自《时文导读》。

本文是一篇谈如何读书的文章，属于"启示类"或"由……说开去"的文体。文章由"慢些走，欣赏！"这一阿尔卑斯山谷的标语牌说起，告诫人们读书应细嚼慢咽，不要囫囵吞枣。文章运用了举例、对比等论证方法，使论述深入，说理透彻。文中第四段开头一句使论证更全面。

个性独悟
ge xing du wu

★"不求甚解""观其大略"分别是古代谁的读书方法？本文中与之相反的读书方法是什么？

★"揠苗助长"这一成语出自哪里？用一个成语概括"揠苗助长"的结果。

★本文采用了哪些论证方法？

快乐阅读
kuai le yue du

书 叹 / · · · 张抗抗

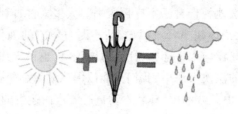

　　上街走过书店书市书摊,强令自己把头扭过去,竭力不看。若是多看几眼,就会又一次忍不住,再抱一摞书回家。

　　如今不敢再买书,因为屋子太小。原有的书橱早已撑胀得没有一丝缝隙,竖着里外两层,横着再加一层,满满登登,砌墙码砖一般严丝合缝,光看那书脊,一本挨一本,挤得透不过气,于是大部分的书,都是放不进去又拿不出来。要用的书只能堆在桌上,越堆越高,危楼悬崖,随时有塌方的可能。被书逼得无奈,只能挖潜改造了,那书便进一步扩张到门厅、走廊、书橱脚下、衣柜顶层,凡是能利用的空间,见缝插针的,除了书和杂志,就是书上的灰尘了。

　　每次为找书,累出一头大汗。问自己:这是何苦?为了书,连人呆的地方都没有了。书侵略了人,人为书活不成?

　　如今不敢再买书,还因为,或者说真正的原因,是因为没有时间读书。

　　时间都到哪里去了呢?不知道。只知道日子越过越快,好像刚刚过了春节不久,怎么圣诞节又来了?

　　通常是,自己甘愿买下的书,买下就完成了一桩心愿。不买下,那书里的智慧似乎不归你支配,心里总不踏实;直到占有了那些书,搬回家里才算托底。

　　偏偏的,那些买下的书,乖乖待在书橱里没跑,心安理得地一天天积攒着。一旦有了使用权,什么时候使用,就是自己的事情了。偶尔翻一翻,前一本接后一本,看着"碗"里的,望着"锅"里的,读了一半,总没有真正读完的一本。急了烦了,叹口气说:"以后慢慢再看吧,反正是自己的书。"

很多自己的书,就这样一日日搁置下去,最后连翻也没有再翻开过。

如果是一本借来的书呢?情况就大不相同。借来的书必须归还,且有归还的期限,当然必须在规定的期限内将其读完。读一本借来的书,心情也大不一样,如果不认真去读,错过了书里的好处,一旦归还,难得再觅,因此读得格外留意格外仔细。遇到精妙之处,想到此书将一去不返,依依之情不舍,还会做下点笔记也说不定。

所以就一次次地警告自己不许再买书。太多太多日新月异、无法读完的书,已像是百万大山冰川雪峰难以逾越;不断"爆炸"的现代社会信息,以铅字和纸张构成浩瀚汪洋与水下迷宫,让人海阔天空,也让人焦虑窒息。在这汇聚了人类文化精神的泱泱书海中,我们只能以困惑的头脑暂作小舟,茫然寻找着到达彼岸的通道,浪急波涌中,却载不动自己滞重而迷失的思维。

但我们以前不这样。在那时,在那个曾经无书可读的青春时代。

那本《牛虻》在连队的知青中,悄悄流传了一年半载,终于回归于主人之手时,已是惨不忍睹。封面四边开裂,用烟盒糊了一圈,变成了一只脱离书页的硬壳;书脊的装订线全面崩溃,散装成六个小本,每一本都用缝衣服的线重新连接,精心缝成薄薄的一本本小书。残破的纸页发出油黑的亮光,散发着炕头厨房马厩猪圈还有被窝的气息。六个线装的小本勉强塞在那个叫作封面的硬壳时,组成了一本奇特而怪诞的线装版翻译小说。

我从此以后再也没有见过这种"版本"的《牛虻》。

在那个知识贬值文化沦丧的年代里,我们曾经为借一本书,在风雪中步行过几十里路。就为了这,我想我仍是不能不去买书。

那个星期天的下午,我沿着友谊宾馆的北墙走了很久,去寻找一家开业已一周年的"万圣书园"。但那本据说只有在这个书店才能买到的书,却已经卖完了。

读书的人,把家里的空间都让给了书,只留给自己一块小小的地方。可是,书是一种懂得报答的灵性之物,人们用眼睛抚摸过它之后,它便把自己在尘世间占有的位置隐缩了,复归并拓展于人的心灵。

与你共品
yu ni gong pin

　　本文主要通过作者拥有书和借书时对书的不同态度和不同的感叹，透过亲切而朴素的语言，把不同时代对书不同的感慨抒发出来，语言虽不华丽，但朴实中渗透出了深刻的内涵。

个性独悟
ge xing du wu

　　★文中第一自然段中的"强令""竭力"这几个词，细细体会表达作者怎样的思想感情？第二自然段作者运用了什么表达方式，写出了怎样的内容？第二自然段中画线的句子运用了什么修辞方法？有何作用？

　　★作者以往为什么喜欢买书呢？如今不买书，以往买书，前后的变化说明了什么？是作者不爱书了吗？

　　★写出揭示全文主题的句子。

快乐阅读
kuai le yue du

摸　书／···冯骥才

名叫莫拉的这位老妇人嗜书如命。她认真地对我说：
"世界上所有的一切都在书里。"
"世界上没有的一切也在书里。把宇宙放在书里还有富裕。"我说。
她笑了，点点头表示同意，又说：

"我收藏了4000多本书,每天晚上必须用眼扫一遍,才肯关灯睡觉。"

她真有趣。我说:

"书,有时候不需要读,摸一摸就很美,很满足了。"

她大叫:"我也这样,常摸书。"她愉快地虚拟着摸书的动作。烁烁目光真诚地表示她是我的知音。

谈话是个相互寻找与自我寻找的过程。这谈话使我高兴,因为既找到知己,又发现到自己一个美妙的习惯,就是摸书。

闲时,从书架上抽下几本新新旧旧的书来,或许是某位哲人文字的大脑,或许是某位幻想者迷人的呓语,或许是人类某种思维兴衰全过程的记录——这全凭一时兴趣,心血来潮。有的书早已读过,或再三读过,有的书买来就立在架上;此时也并非想读,不过翻翻、看看、摸摸而已。未读的书是一片密封着的诱惑人的世界,里边肯定有趣味更有智慧;打开来读是一种享受,放在手中不轻易去打开也是一种享受;而凡读过的书,都成为有生命的了,就像一个个朋友,我熟悉它们的情感与情感方式,它们每个珍贵的细节,包括曾把我熄灭的思想重新燃亮的某一句话……翻翻、看看、摸摸、回味、重温、再体验,这就够了。何必再去读呢?

当一本古旧书拿在手里,它给我的感受便是另一般滋味。不仅它的内容,一切一切,都与今天相去遥远。那封面的风格,内页的版式,印刷的字体,都带着那时代独有的气息与永难回复的风韵,并从磨损变黄的纸页中生动地散发出来。也许这书没有多少耐读的内涵,也没有多少经久不衰的思想价值,它在手中更像一件古旧器物。它的文化价值反成为第一位的了,这文化的意味无法读出来,只要看看、摸摸,就能感受到。

莫拉说,她过世的丈夫是个书虫子。她藏书及其嗜好,一半来自她的丈夫。她丈夫终日在书房里,读书之外,便是把那些书搬来搬去,翻一翻、看一看、摸一摸。每每此时,"他像醉汉泡在酒缸里,这才叫真醉呢!"她说。她的神气好似看到了过去一幅迷人的画。

我忽然想到了一句话:"人与书的境界是超越读。"但我没说,因为她早已懂得。

与你共品
yu ni gong pin

　　书籍是人类进步的阶梯，在书里记载着人们的思想和人类的知识成果。你也许知道不少热爱学习、热爱书籍的人和事。但像本文中的这位老妇人以"摸书"的方式来爱书籍你还是第一次见到吧？

个性独悟
ge xing du wu

　　★根据"世上所有的一切都在书里"这句话，从文中找出几个具体例子。

　　★如何理解"世上没有的一切也在书里。把宇宙放在书里还有富裕"这句话？

　　★文中有许多对比鲜明、哲理深刻的语句，如"打开来读是一种享受，放在手中不轻易去打开也是一种享受。"请从本文中再找出一个这样的语句。

快乐阅读
kuai le yue du

图书馆 ／··· [印度] 泰戈尔

　　宁静的海洋是图书馆最恰当的比喻，奔涌千年的滚滚波涛被紧紧锁闭，变得像酣睡的婴儿一般悄声无息。在图书馆里，语言静寂无声，水流凝滞止息，人类灵魂的不朽光芒，为文字黑黝黝的链条所捆缚，幽禁于书页的囚室。没人能够预料它将何时暴动，冲破寂静，焚毁文字的藩篱，冲向广阔的世界。这好比喜马拉雅山头的皑皑白雪锁闭着汹涌洪水，图书馆也围拦着随时会一泻千里的思想的江河。

人们知道导线限制着电流，可有谁在乎过"静默"限制着"声音"，有谁在乎过人们将美妙的歌声、燃烧的希望、灵魂的欢呼、神奇的世界锁闭在纸里！有谁在乎过"往昔岁月"被幽闭到了"今日"！有谁在乎过漫漫岁月之上有一座用书架起的辉煌桥梁！

一踏进图书馆，我们便站在无数道路纵横交错的交叉点上。有的道路通向宽阔的大海，有的道路通向起伏的群山，有的道路则直通向人类的心灵深处。在这里，所有的道路都是一往无前。这狭小的书香之地，居然拘禁着人类精神的河流，拘禁着人类自我解放的辉煌灯塔。

有如在海螺里能听得见海啸，人们在图书馆里能听见哪颗心脏在怦怦跳动？在这寂静之地，生者与死者同在，辩护与驳斥相伴，有如孪生兄弟；在这里，疑虑与坚定，探索与发现，彼此形影不离；在这里，长寿者与夭折人心平气静地友好相处，没有嘲弄，也没有歧视。

人类的声音穿越河川、山峰、海洋，抵达图书馆这个目的地。这声音传自亿万年前的边缘。来啊，这里闪烁着光芒，高奏着伟大的生命之歌。

最早沐浴天堂之光的哲人对人们谆谆而语："你们全是天堂之子，你们身居仙境胜地。"哲人洪亮的声音化作许许多多文字，飞越千年尘雾，在图书馆里飘荡回响。

在孟加拉国的原野上，我们难道就无言向上苍倾诉？我们难道就不能向人类社会吟唱出欢快的歌声？在世界热烈的合唱声中，难道唯有孟加拉国寂然无声？

难道在我们脚下奔涌的海洋就无言向我们倾吐？我们古老的恒河难道就不曾从喜马拉雅山携来女神的仙曲？难道我们的头上就没有湛蓝无垠的天空？繁星一般书写在苍穹上的漫漫岁月的璀璨文字难道已被抹煞一尽？

……

经过了若干年的沉默，孟加拉国大地上的生命已经成熟丰盈。让这片大地用自己的语言倾吐理想与志向吧！世界之歌将因为汇入了孟加拉人的心声，而变得更加明丽动听！

与你共品
yu ni gong pin

　　选自《泰戈尔散文集》。泰戈尔(1861~1941),印度著名作家、诗人和社会活动家,并擅长作曲和绘画。主要作品有诗集《暮歌》《晨歌》《吉檀迦利》(1913年获诺贝尔文学奖)《初月集》《园丁集》《飞鸟集》等,剧本有《修道士》《国王和王后》《摩吉多塔拉》《邮局》等,长篇小说有《小沙子》《沉船》《戈拉》等。所作歌曲《人民的意志》,1950年被定为印度国歌。

　　本文是一篇抒情散文,全文感情雄浑而激昂,细腻而博大,情感起伏激荡,犹如大海上的潮起潮落有着和谐变化的音乐美,鲜明地表现了泰戈尔散文具有浪漫主义风格的特征。阅读时,要注意理解句子中所蕴含的情感。

个性独悟
ge xing du wu

　　★第一自然段中画线的句子运用了一个恰当的比喻,这个比喻好在哪里?第二自然段中作者运用了什么修辞方法?有何作用?第七自然段中"我们难道就无言向上苍倾诉?"是什么句式?把它改成陈述句。

　　★体会第六、第九两段作者所表达的思想感情。

　　★本文运用了哪些修辞方法?

把书读到寂静的程度

作文链接
zuo wen lian jie

读书的滋味 / ···刘 凯

　　我们享用瓜果酒肉是品味"食物的滋味";我们享受生活是品味"生命的滋味";我们不断地求知是为了品味"读书的滋味"。

　　人类之所以有别于其他动物,是因为具有生产劳动的本领,这样我们最早品味到了"食物的滋味"。再发展,人们便开始追求舒适,以求品味"生命的滋味"。斗转星移,随着传递生产经验和思想文化的工具——书籍的出现,人类的"味觉"就有了突飞猛进的发展。终于,尝到了"读书的滋味"——不苦而泣。好的悲剧往往令我们落泪如珠,没受"苦"却有泪,没有泪却悲愤万分。人们往往在欣赏中排出了体内的毒素,认清了社会的毒瘤,明白了人心的险恶,领悟了人类的悲伤……这,是一剂美味。

　　不香而醉。酒伤肝,多饮无益。但又屡戒不止,何哉?只因此物"太甜、太美、太香醇"。如果让他们欣赏一些优美的散文,也许他们也会被这种非酒香的意境所陶醉,从而远离了"茅台"和"香槟"。

　　百味交融,百感交集。读书最美的滋味莫过于此,这也正是读书的真谛。一本好书,不用任何的作料,只要用心去读,去品,无穷乐趣自在其中。步入意境能喜形于色,正如"才下眉头,却上心头"。手舞足蹈才罢,满腔义愤又起。波澜起伏的、平实无华的、艰涩深奥的……都能给人以美的感受,美的滋味。

　　合上书本,回味书中的内容,好像是刚从沙场激战而归——大汗淋漓;好像是刚从太空遨游而回——余兴未了;好像与古今圣贤切磋而返——茅塞顿开……

　　能与作者同仇同忾,能与社会交心话别,能品人生疾苦,能赏人生欢乐——这便是读书的滋味。

【简 评】

文章结构严谨,语言明净隽永,含蓄深刻。排比、比喻、引用等修辞手法的恰当运用,增加了文章的魅力。此文开篇用"比兴"之法,引出写作的中心,然后用生花的妙笔,写读书的种种滋味:"不苦而泣","不香而醇","百味交融,百感交集",将"非香非色、非甜非苦"的抽象的读书滋味写得色、香、味俱全。

学习贵在积累 / ··· 伊 升

历经了小学、初中,虽还没到"十年寒窗",也积攒了一些学习心得。当人们问起时,我总会说,学习贵在积累。

著名作家茅盾说过:"学问是经验的积累……"积累,的确重要。只有日积月累,知识才会不断增加;只有日积月累,才能为以后的学习奠定坚实的基础。

古往今来,国内国外,不少成就事业的人都有这样的共识。被誉为"鬼才"的我国唐代诗人李贺,经常骑上一头毛驴,驴背上驮一只大口袋,去四方游历。将所见、所闻、所引发的灵感随时记下来,放进口袋,晚上再重做整理。这样日复一日,为他的创作收集了不少素材。这就是他留下众多不朽诗篇的主要原因。美国现实主义作家马克·吐温在年少时作文较差。父亲指出他措辞不精练、文字欠优美之后,他就长期去努力收集好词、佳句和文字优美的描写片断,来不断地充实自己,锤炼自己的写作技艺。后来,果然在写作上收效显著。

我们当今的青少年学生中,不少人学习怕费时、怕劳累、怕辛劳,忽视"积累"这个学习的关键一环,而企图一步登天,这是违背学习规律的痴心妄想。荀子说:"不积跬步,无以致千里;不积小流,无以成江海。"说的就是这个道理。

看那浩瀚的大海,之所以如此波澜壮阔,在于它不拒绝将万千道涓涓的细流纳进自己的胸襟。这,就是积累的奥秘。学习、工作、生活,无不如此。

我们是新世纪的新一代,面临着振兴中华民族的伟大历史使命。当前,学习是我们的首要任务。立志成才报国的中学生朋友们,让我们以科学家华罗庚的这句名言共勉吧:

把书读到寂静的程度

"天才在于积累。"

【简 评】

　　文章开门见山,直抒己见,亮出中心论点。接着以中外名人名言、事迹和当今某些学生的某些实际表现,进行正反面多角度说理,证明中心论点。最后联系自身使命,以华罗庚名言点题收篇。行文举例得当,议论充分,说服力强。语言简洁、平实、顺畅。

开卷有益,乐在书中 /····佚 名

　　读书不仅有好处,而且也有乐趣,这是我的读书体会。

　　在我还是孩子的时候,有事无事我总爱往爸爸工厂里跑,这倒不是想念爸爸,而是因为那儿有一位老爷爷,他有好多好多小人儿书。在那儿,我知道了白雪公主有一颗纯洁善良的心,知道了王母娘娘是一个狠心的老太婆……仅用一个夏季,我就将老爷爷的小人儿书全部翻完了,而且,里面的故事情节我还能有声有色地复述出来。

　　长大了,我的兴趣不只在那些小人儿书上了,我开始阅读《红岩》《青春之歌》《科技大观》……由于怕影响课程学习,爸爸不让我看这些"闲书",但我还是偷偷地看。不过,有一件事扭转了爸爸的偏见。

　　"各位选手,请做好准备,竞赛马上要开始了!"你猜,这是在干什么。原来是爸爸厂里正在举行"家庭知识竞赛"呢!先是成年组回答问题,你瞧,我爸正全神贯注地听着主持人报题目呢!主持人宣读了一个问题,紧接着说:"请回答——"话音一落,爸爸就按响了抢答器:"嘀——"爸爸答题一结束,主持人就宣布:"回答正确,加10分!"爸爸得意地仰了仰头。

　　轮到少儿组回答问题了。主持人刚报完"用一和十这两个字开头,说出十个成语",我就按响了抢答器,忽地站起来,像开连珠炮一样答道:"一举两得、

享受读书的快乐

一马当先、一模一样、一日千里、一望无际、一心一意、十万火急、十指连心、十拿九稳、十全十美。回答完毕！"全场爆发出热烈的掌声。我回头看爸爸，他正惊喜地看着我。我也仰了仰头，他笑了。

唉呀，我家和小明家得分一样，不分胜负，得加油啊！

下面是我们少儿组抢答的一道小常识竞赛题："请问，饭糊了，要除去异味该怎么办？"我在脑子里飞快地寻找着答案，对，我在《科技大观》上看到过："在饭里插上几根葱即可将异味除去。"我迫不及待地作了抢答。就因为这道题，我们家获得了第一。

回家后，爸爸问："这些都是你们老师教的？""不，是我在你说的'闲书'上看到的。"我将了爸爸一军，"怎么样，我看的书派上用场了吧！"

从此，爸爸不再反对我看课外书了，而且还给我买了许多书，因为书能使驽钝者变聪慧。

朋友，书是收获希望的土地，愿我们辛勤耕耘，获得更多的精神食粮！

【简　评】

文章从"乐趣"这个独特的角度来写读书的好处，以读书比赛的故事来写读书的乐趣，以"爸爸"态度的变化来增强文章的故事性。作者用生动形象的笔调勾画出了"比赛"的场面，全文洋溢着快乐的气息。

我们的知识是有限的

学习卷

生而知之者是不存在的，才能来自于勤奋学习。

　　徒弟学艺多年，出山心切，就去向师傅辞行："师傅，我已经学够了，可以独闯天下了。""什么叫够了？"师傅问。"就是满了，装不下了。"徒弟答。"那么你装一大碗石子来。"徒弟照办。"满了吗？"师傅问。"满了。"徒弟十分自信。师傅抓起一把细沙，掺入石中，沙一点没溢出来。"满了吗？"师傅又问。"这回满了。"徒弟面有愧色。师傅又抓来一把石灰，轻轻洒下，还是没有溢出来。"满了吗？"师傅再问。"满了。"徒弟似有所悟。师傅又倒了一盅水下去，仍然滴水没有溢出。"满了吗？"师傅笑问。徒弟无言以对。

论求知 / ··· [英] 培根

　　求知可以作为消遣，可以作为装饰，也可以增长才干。当孤独寂寞时，阅读可以消遣；当高谈阔论时，知识可供装饰；当处世行事时，知识能增进才干。有实际经验的人虽能够处理个别性的事务，但若要综观整体，运筹全局，却唯有掌握知识方能办到。

　　读书太慢会易惰，为装潢而读书是自欺欺人，只按照书本办事是呆子。

　　求知可以改进人的天性，而经验又可以改进知识本身。人的天性犹如野生的花草，求知学习好比修剪移栽。学问虽能指引方向，但往往过于泛泛，还要靠经验来赋予形式。

　　狡诈者轻鄙学问，愚鲁者羡慕学问，聪明者则运用学问。知识本身并没有告诉人怎样运用它，运用的智慧乃在书本之外。这是技艺，不体验就学不到的。

　　不可专为挑剔辩驳去读书，但也不可轻易相信书本。求知的目的不是为了吹嘘炫耀，而应该是为了寻找真理，启迪智慧。

　　书籍好比食品，有些只须浅尝，有些可以吞咽。只有少数需要仔细咀嚼，慢慢品味。所以，有的书只要读其中一部分，有的书只须知其中梗概，而对于少数好书，则要读通，细读，反复地读。

　　有的书可以请人代读，然后看他的笔记摘要就行了。但这只限于不太重要的议论和质量粗劣的书，否则一本书将像已被蒸馏过的水，变得淡而无味了！

把书读到寂静的程度

读书使人充实,讨论使人机敏,写作则能使人精确。

因此,如果一个人懒于动笔,他的记忆力就必须强而可靠;如果一个人要孤独探索,他的头脑必须敏锐;如果有人不读书又想冒充博学多知,他就必须很狡黠,才能掩饰无知。

读史使人明智,读诗使人智慧,演算使人精密,哲理使人深刻,道德使人高尚,逻辑修辞使人善辩。总之,"知识能塑造人的性格"。不仅如此,精神上的各种缺陷,都可以通过求知来改善——正如身体上的缺陷,可能通过适当的运动来改善一样。例如打球有利于腰肾,射箭可扩胸利肺,散步则有助于消化,骑术使人反应敏捷,等等。同样,一个思维不集中的人,他可以研习数学,因为数学稍不仔细就会出错。缺乏分析判断力的人,他可以研习法律案例,如此等等。这种种头脑上的缺陷,都可以通过求知来疗治。

 与你共品
yu ni gong pin

弗兰西斯·培根(1561~1626),英国哲学家。生于伦敦的一个贵族家庭。父亲是伊丽莎白女王的掌玺大臣。培根也于1616年担任掌玺大臣,次年又任英国大法官。1621年,由于受宫廷阴谋的牵累而脱离政治生涯,专心从事学术研究和著述活动。由于他在哲学、科学领域的巨大贡献,被马克思称之为"英国唯物主义和整个现代实验科学的真正始祖"。

本文思想深邃,文采飞扬,字字珠玑,一气呵成,是不可多得的经典之作。本文论述了知识的价值,求知的目的,知识与经验的关系,求知的方法。这样的好文章既是文章的典范,又是指导我们学习的纲领。

★第一段中第一句讲的是什么内容？第二～四句和第一句有什么关系？实际经验和掌握知识有着怎样的关系？

★孩作者、愚鲁者、聪明者面对学问的态度有哪些区别？"知识本身并没有告诉人怎样运用它"，不会运用它的人将是什么样的人？

★第八段和第九段有什么关系？在写作方法上有哪些特点？为什么说"知识能塑造人的性格"，培根有关知识的另一句名言是什么？

★"精神上的各种缺陷"是指什么说的？第十段中使用了什么论证方法？

★从培根的《论求知》中概括出求知的作用。

快乐阅读
kuai le yue du

我们的知识是有限的／···[意]伽利略

基于长期的经验，我似乎发现，人们在认识事物时处于此种境地：知识愈浅薄的人，愈欲夸夸其谈；相反，学识丰富倒使人在判断某些新事物时，变得甚为优柔寡断。

从前有一个人，生在一个人迹罕至的地方，但他天资颖慧，生性好奇。他喂养了许多鸟雀，饶有兴味地欣赏其啁啾，聊以自娱。他极为惊异地发现，那些鸟儿运用巧妙之技，借助呼吸之气，能随心所欲地叫出各种声音，皆好听极了。一日晚间，他在家听到附近传来一种声音，十分悠扬，遂臆断为一只小鸟，出去捕之。路上，遇见一位牧童，正在吹着一根木管，同时手指在上面按动着，忽而揾住某些孔眼，忽而放开，使木管发出了那种响声，宛然嘤嘤鸟语，不过发音方式迥然不同。他惊诧不已，并在好奇心驱使下，送给牧童一头牛犊，换取了那支笛子。他通过思索意识到：假使牧童未从此地路过，他将永远不会晓得，自然界有两种产生声音和乐音的方法。他决定离家出走,意欲经历一些其他奇事。翌日,当他经过一幢茅舍时,听见里面响着一种乐音,为了弄清是支笛子还是只乌鸦,他信步而入。只见一少年,正用拿在右手的一根弓,拉着绷在左手持着的一只木匣子上的几条筋,同时指头在筋上移动着:根本不必吹气,那件乐器就发出了各种悦耳的声音。此时他有多么惊愕,凡是像他一样具有智慧和好奇心的人,都是可想而知的。他偶然见识了这两种意想不到的产生声音和乐音之新法后,遂开始相信自然界尚会存在其他方法。然而又令他感到十分奇妙的是,当他走进一座圣殿时,为了瞧瞧刚才是谁在奏乐,便往门后看去,发觉音响是在开门之际产生自门枢和铰链。另外一次,他兴致勃勃地走进一家酒店,以为能看到某人在用弓轻轻触动小提琴的弦,但看见的却是有个人正用一只手指的指尖,敲着一只杯子的杯口,使其发出清脆的响声。可当他后来观察到,黄蜂、蚊子与苍蝇不是像鸟雀那样,靠气息发出断断续续的叫声,而是靠翅膀的快速振动,发出一种不间断的嗡嗡声时,与其说他的好奇心越发强烈了,毋宁说他在如何产生声音的学问方面变得茫昧了,因为他的全部阅历俱不足以使他理解或相信:蟋蟀尽管不会飞,但却能用振翅而非气息发出那般和谐且响亮的声音。嗣后,当他以为除了上述发声方式之外,几乎已不可能另有他法时,他又知悉了各式各样的风琴、喇叭、笛子和弦乐器,种类繁多,直至那种含在嘴里、以口腔作为共鸣体、以气息作为声音媒介物的奇特方式而吹奏的铁簧片。这时他以为自己无所不晓了,可他捉到一只蝉后,却又陷入了前所未有的无知和愕然之中:无论堵住蝉口还是按住蝉翅,他都甚至无法减弱蝉那极其尖锐的鸣叫声,而不见蝉颤动躯壳或其他什么部位。他把蝉体翻转过来,看见胸部下方有几片硬而薄的软骨,以为响声发自软骨的振动,便将其折断,欲止住蝉鸣。但是一切终归徒然;乃至他用针刺透了蝉壳,也没有将蝉连同其声音一道窒息。最后,他依然未能断定,那鸣声是否发自软骨。从此,他感到自己的知识太贫乏了,问他声音是如何产生的,他坦率地说知道某些方法,但他笃信还会有上百种人所不知的、难以想象的方法。

　　我还可以试举另外许多例子,来阐释大自然在生成其事物中的丰富性,其方式在感觉与经验尚未向我们启示之时,都是我们无法设想的,即便经验有时仍不足以弥补我们的无能。故此,倘若我不能准确地断定彗星的形成之因,那么我是应当受到宽宥的,况且我从未声言能够做到这一点,因为我懂得它会以某种不同于我们任何臆度的方式形成。对于握在我们手心的蝉儿,都难以弄明白其鸣声发自何处,因而对于处在遥远天际的彗星,不了解其成因何在,更应予以谅解了。

与你共品
yu ni gong pin

伽利略(1564~1642),意大利物理学家、天文学家。因从事科学宣传,遭罗马宗教裁判所迫害。1633年2月,以"反对教皇,宣扬邪学"的罪名,被判处终身监禁。在囚禁中他仍坚持科学著述,晚年双目失明,死于囚禁之中。他确定了自由落体定律,还发现了物体惯性定律、合力定律、摆振动的等时性、抛物体运动规律,并确定了伽利略相对性原理。通过观察天体,他有力地证明了哥白尼的日心学说,支持和发展了地动说。

这是一篇集科学知识与哲理为一体的文章。阅读时要注重从作者叙述的故事中悟出作者写此文的最终目的。要知道,我们的知识是有限的。有了这种清醒和理智,我们才能投身于知识的海洋,丰富自己。

个性独悟
ge xing du wu

★作者根据长期的经验,发现两种人,分别是哪两种人?他们对待事物的态度有什么不同?

★当人们无法用感觉、经验来解释自然界中的一些现象时,是不是一种无知的表现呢?为什么?

★作者借此文想阐述一个怎样的观点?这一观点你是否赞同?

快乐阅读
kuai le yue du

楔／···李政道

　　艺术和科学的共同基础是人类的创造力，它们追求的目标都是真理的普遍性。

　　艺术，例如诗歌、绘画、音乐等，用创新的手法去唤起每个人的意识或潜意识中深藏着的、已经存在的情感。如李白(701~762)在《把酒问月》中写道：

　　　　青天有月来几时？我今停杯一问之。
　　　　……
　　　　今人不见古时月，今月曾经照古人。
　　　　古人今人若流水，共看明月皆如此。

　　而三百多年后，苏轼(1037~1101)的《水调歌头》写道：

　　　　明月几时有？把酒问青天。……人有悲欢离合，月有阴晴圆缺，此事古难全。但愿人长久，千里共婵娟。

　　在咏诵这些诗词的时候，它们的相似之点和不同之处同样感动着读者。尽管李白、苏轼生活的时代和今天的社会已经完全不同了，但这些几百年乃至一千年前的诗词在今天人们的心中仍然能够引发强烈的感情共鸣。

　　同样，我们现在阅读莎士比亚的著作，或者观赏莎士比亚的戏剧，不论是原文或译文，也有着和几百年前英国的读者观众相似的情感共鸣。

　　情感越珍贵，反响越普遍，跨越时空、社会的范围越广泛，艺术就越优秀。

　　科学，例如天文学、物理学、化学、生物学等等，对自然界的现象进行新的准确的抽象，这种抽象通常被称为自然定律。定律的阐述越简单、应用越广泛，科学就越深刻。尽管自然现象不依赖于科学家而存在，但对自然现象的抽象和总结是一种人为的，并属于人类智慧的结晶，这和艺术家的创造是一样的。

　　在科学中，人们研究物质的结构，知道所有物质都是由分子、原子构成，原子又都由原子核和电子构成,原子核又由质子、中子组成,质子、中子又由夸克组成等等。人们认识了物质的基本结构,进而去认识世界和宇宙。

科学技术的应用形式会不断发生新的变化,但其科学原理并不随这些应用而改变,这就是科学的普遍性。

在19世纪和20世纪之交,科学上有两个关键性的发现,它们看上去似乎有些神秘,与我们的日常生活无关。一个是迈克耳孙和莫雷在1887年做的光速实验,另一个是普朗克在1900年发现的黑体辐射公式。前者是爱因斯坦狭义相对论的实验依据,后者为量子力学奠定了基础。正是有了相对论和量子力学,20世纪的科技发展,如核能、原子物理、分子束、激光、X射线技术、半导体、超导体、超级计算机等等,才得以存在。因此,科学原理应用越广泛,在人们社会生活中的表现形式也越多样化。

科学家追求的普遍性不同于自然现象的普遍性,是人类对自然现象的抽象和总结,适用于所有的自然现象。它的真理性植根于科学家以外的外部世界,科学家和整个人类只是这个外部世界的一个组成部分。艺术家追求的普遍真理性也是外在的,植根于整个人类,没有时间和空间的界限。尽管科学的普遍性和艺术的普遍性并不完全相同,但它们之间有着很强的关联。

因此,科学和艺术的关系是同智慧和情感的二元性密切相联的。对艺术的美学鉴赏和对科学观念的理解都需要智慧,随后的感受升华与情感又是分不开的。没有情感的因素和促进,我们的智慧能够开创新的道路吗?而没有智慧的情感能够达到完善的意境吗?所以,科学和艺术是不可分的,两者都在寻求真理的普遍性。普遍性一定植根于自然,而对自然的探索则是人类创造性的最崇高的表现。事实上如一个硬币的两面,科学和艺术源于人类活动最高尚的部分,都追求着深刻性、普遍性、永恒和富有意义。

与你共品
yu ni gong pin

本文或引例、或理论阐述,向人们传达出深沉淳厚的哲理思索:艺术和科学都源于人类活动最高尚的部分,都追求着深刻性、普遍性、永恒和富有意义。

个性独悟
ge xing du wu

★本文结构清晰,你能一眼看出其结构层次吗?

★科学的普遍性和艺术的普遍性有何相同之处?

★"事实上如一个硬币的两面"中的"硬币"指什么?"两面"又是指哪两面?

★你能举出既是科学家又是艺术家的例子吗?

快乐阅读
kuai le yue du

语言随想/ ···胡裕树

有这样一句话:"上帝与我们同在。"其实真正与我们同在的不是虚幻的上帝,而是另外一种真实的东西——语言。人类的生活、交往、学习等等,几乎一切都离不开语言。就连上帝也要依靠语言与他的信徒们交谈。语言给我们带来了许多美好的东西,文学、艺术、书籍、报刊、电影、电视……对于人类来说,语言就像空气一样,是最普通的,也是最重要的。

语言不是与生俱来的,每个正常人都经过开始的咿呀学语,到会说简单的句子,最后能熟练使用自己的母语这样一个语言学习过程。学会母语是人类童年最大的收获,不过并不意味着我们已经真正了解并能随时随地恰当地运用自己的母语。举个例子,哪怕一个小学生也能听出一个初学汉语的外国人所说汉语的错误,并能告诉他应该怎么说,但即使是受过一定教育的成年人也未必能告诉他为什么。有个笑话说：某人请客，约定的时间到了，四个客人只来了三个。某人等得心急，自言自语道："该来的没来。"三位客人中的一位多了心，拔腿走了。某人又说："不该走的走了。"话一出口，又气走了一位，某人急忙解释："我说的不是他俩。"结果最后一位客人也坐不下去了。某人把这件事告诉妻子，妻子怪他不会说话。现代意义上的公关、广告、演讲、辩论等体现的大多是语言的魅力。真正要做到"会说话"，还必须经过有意识、有目的地系统学习。

地球上空气只有一种，但仅"活着"的语言就不下几千种。世界上很多不同民族杂居地区的人差不多都会说两种以上的语言。环境使他们学习语言的意识相当明确。相比之下，许多中国人都不很重视语言学习——特别是母语学习。相信自己语文能考 80 分(百分制)的中学生并不很多，其他科目就大不相同，语文真的很难吗？

有人精通几种语言，有人一辈子只会说自己的方言。这并不全是天赋的原因。每一种语言都是一个精密的符号系统，了解它的规律便能事半功倍。

每个国家都有自己的通用语言，习惯上叫国语。正如空气会被污染一样，语言也可能遭污染。脏话、粗话等不文明语言是一种语言污染；生造、滥用词语和所谓的"时髦语言"也是语言污染。通过语言学习，我们可以知道该怎样去净化自己的国语。

语言和数学、物理、化学等一样，是一门科学，语言学甚至是一门基础科学。它和很多其他科学交叉，有自己成系统的分支科学。语言学的发展和人类的未来息息相关。未来世界是计算机(信息)时代，要想让人类语言和计算机语言沟通，语言学的作用是不可替代的。要想让汉语早日自如地运用于计算机信息处理，需要更多的中国人来学习、研究自己的语言。

 与你共品
yu ni gong pin

如果说你不会说话，你一定会生气。如果说你很会说话，他一定不同意。真正要"会说话"，必须经过语言的精密的符号系统和自身规律进行，这就是他——语言学家胡裕树告诉我们的话。我们要有意识、有目的地学习。

把书读到寂静的程度

个性独悟
ge xing du wu

★为什么说"语言就像空气一样，是最普通的，也是重要的"？

★"地球上空气只有一种，但仅'活着'的语言就不下几千种"中"'活着'的语言"指什么样的语言？"语言也可能遭污染"，污染的内涵是什么？

★作者多次将语言比作空气，这样比喻恰当吗？有什么好处呢？

快乐阅读
kuai le yue du

悲怆，引发生命之张力 / ··· 苏牧羊

不懂音乐，故我一般也不为此走火入魔，但有一个歌手的歌，我却会把音响开得大大的，一连几个小时地听下去，且听得眼角湿润，如痴如醉。"醉"得不仅买了他的磁带，而且还"多余"地去买了相同的 CD 盘，以至被人揶揄："如果出他的 VCD、DVD，你仍会为商家做出一份贡献的吧？"确实，这还真不是虚言。眼下写这篇小文时，耳旁正飘荡着他那独特的声音——"你，是一面旗帜"。

这个歌手，就是刘欢。

我也曾分析过导致自己"失常"的原因。从音乐角度讲，他的音色并非已是至善至美。就说音域宽度吧，并没有"波澜壮阔"到帕瓦罗蒂、多明戈的地步。从文化角度来说，我对他所属的大类——通俗音乐，更是持敬而远之的态度。可这"失常"又是为什么？我反复问自己。

在再一次"如痴如醉"之后，我突然醒悟：这是因为在刘欢的歌声中，有一种生命的悲怆感。换句话说，我是为了这种悲怆所陶醉。

生命过程，不可避免地会有遗憾、缺陷、失败、打击……做学生，就有"马失前蹄"考砸了的时候;做工人,就有别人还在上班自己却被"判"下岗的时候;做科技人员,就有他人的研究成果超于自己的尴尬之时。如果宽泛地定义这一切,这就是我们所最忌讳的"悲"——悲哀、悲伤、悲苦、悲痛。

人们一般都不喜欢悲,否则那么多的喜悦怎么会被千万人所期望。但是,悲怆和悲哀、悲伤、悲苦、悲痛等不同,悲怆中隐含着一种力量。如尼采之语,"悲剧快感是强大的生命力敢于与痛苦和灾难相抗衡的一种胜利感",而且,"一个人能否对人生持审美的态度,是肯定人生还是否定人生,归结到底取决于内在生命力的强弱盛衰"。因此,我们不妨学会将悲哀、悲伤、悲痛转化为悲怆。

悲怆,是正视"悲"的现实,又不被"悲"所压倒;悲怆,是在经历"悲"之后不放弃努力和奋争;悲怆,是体验自我的渺小脆弱又勇敢地超越自我。可以说,当你学会将悲哀、悲伤、悲苦、悲痛转化为悲怆时,你就会发现,悲中有喜,悲中有美。

因此,我陶醉于刘欢的歌。因为,这不仅是一个生命的低吟浅唱,在引吭高歌,在一抒胸臆,而且更因为,在他带有悲怆感的歌声中有一种壮美的余音在我耳旁不散。所以,他的歌声会感染我,感动我,甚至能——激励我。

与你共品
yu ni gong pin

本文是一篇抒情散文,有独到的人生感悟。作者从陶醉刘欢的歌探讨开来,敏感地捕捉到"悲"的力量,人应敢于正视"悲"的现实,不放弃努力和奋争,勇敢地超越自我。

把书读到寂静的程度

个性独悟
ge xing du wu

★文中哪些句子点示了标题的含义？

★"当你学会将悲哀、悲伤、悲苦、悲痛转化为悲怆时，你就会发现，悲中有喜，悲中有美。"试结合自己的生活实际，谈谈你对这句话的理解。

★生命里不能没有音乐，谁的心中又没有一段如清泉般值得享受的音乐呢？请对你所喜爱的歌手或歌曲进行简评，说说你喜欢的原因。

快乐阅读
kuai le yue du

愧疚／···丁 宁

小时候，一个教私塾的老头儿，常指点我学点儿古诗文。因为他和我家有点儿沾亲带故的关系，便成了我的义务老师。这老头儿极少有笑容，总是紧绷着脸，对我极严。他读诗文，拖腔拉调，抑扬顿挫。每教我一篇，必得要我也学着他那音调背下来。我自是不愿意，但违抗不了我母亲。她是一个没有受过教育的家庭妇女，可就是崇拜读书识字，对那些信奉孔孟的老夫子们，更是五体投地。千叮咛，万嘱咐，要那老头儿教我熟读诗书。自然，"束"是免不了的，逢年过节，一定给那老头儿送几瓶好酒和几包点心。

老头儿除教我背唐诗,还教一点儿古文。先秦的历史散文,诸子散文及以后历代的名家之作,都教我一点儿。我大半不懂,也不想懂。可是,渐渐对一些抒情的文章,感到了兴味儿。我背陶潜的《归去来兮辞》、王勃的《滕王阁序》、向子期的《思旧赋》,甚至李清照的《金石录后序》,也模仿着老头儿,拖腔拉调,抑扬顿挫。

夏夜,我和母亲坐在我们的小院里乘凉,小院铺的是光滑的青石头,三角形的,四方形的,凉爽爽的。我母亲爱花,院子角角落落,都种着花草;盆盆罐罐,也栽着各种各样的花。大红的月季和白色的蔷薇,已超过墙头爬上了屋顶,栀子花,甜香甜香,确是"浓而不烈、清而不淡"。我和母亲都坐在用洁白的玉米皮编成的圆圆的"蒲团"上,肥胖的猫咪咪,也独占一席,舒坦坦地偎依着我们,时而把头枕在我母亲腿上,时而用前爪轻轻抚弄我的衣角。这时,小院异常安静,只是有点寂寞,有时,月亮忽然隐去,阵风吹过墙角一棵椿树的叶子,簌簌作响,我就有点害怕。只有讨厌的蚊子,发狂地飞来舞去,瞅空狠狠叮你一口。母亲拿着芭蕉扇,不停地驱赶着,还不时地拍打在我头上。

"牛郎织女快团圆了。"母亲看着天空的星星,总不厌其烦地讲着我已听过几十遍的故事。我仰着头,久久地看那横在牛郎和织女之间渺渺茫茫的天河,心想,那么大的河,要是从天上一下子翻到地上,岂不把全世界的人都淹死!也许有一天它会干枯,那时牛郎和织女就可以永远团圆了。母亲讲完了故事,照例说:"该背书了,我不说,你是不背的。"于是我便打着哈欠,无精打采地背诵。至今,我还觉得奇怪,我背那些古文,母亲听不懂,却总是爱听。等我打起精神,背得带点儿感情的时候,她那摇动的芭蕉扇,也仿佛有节奏地打着拍子,连那猫咪咪也伴和着,温柔地咕噜咕噜念着经。

"春草碧色,春水绿波。送君南浦,伤如之何……"有一次,我背江淹的《别赋》,母亲忽然打断我说:"'春草''春水'和'绿波',我听得懂了。"接着问我文章里说的是什么,我对她讲了,不想,这一讲,她伤心起来,深深地叹了口气说:"这文章也做到别人心里了。亲近的人出远门,谁不难受!就说我和你爹,早先,他到高丽国去,家中只留下我一个人——你哥和你,那时还不知在哪儿刮旋风呢——,你爹每次来家,只过个年,一开春就上路,他前脚走,我后脚端起洗衣盆追,一直追到春草刚发芽的东河边,看着他过大桥;那桥下面哗哗流的水,不就是'春水'和'绿波'吗?唉,男子汉到底心硬,就像那大桥下的水,连头也不回,我可忍不住,眼泪就像断了线的珠子,直往河里滚。哪一年不是如此呢!"

我爹是一个很有手艺的石匠,年轻时就漂泊海外,后来和家乡人一起,到朝鲜的汉城，在华人开的作坊里做活儿，一干四十多个年头。母亲叙说着她年轻时和爹别离的情景，也使我很难过，以致后来每读《别赋》，就暗自心酸落泪。

还有一次，我读韩愈的《祭十二郎文》，读着读着，流下眼泪，被母亲瞧见了，一定问我读的什么那样伤心，我对她说了文章的意思，还逐句地作了讲解，结果又引起她的伤感。她说，这文章使她触及到早年死去的舅舅。我母亲只有一个弟弟，两三岁外祖父就去世了，后来长到十七八，因家贫，外祖母把他送到省城当学徒，不料，三年学徒期限未满，就暴病死在外面，外祖母连尸骨也不曾看到。母亲说："看人家一个做叔叔的，还把侄儿写在文章里，叫千百人都哭，可是你那舅舅，你姥姥去世了，只有我在心里记着他，要是我死了，还有谁知道世上有那么个人呢！"从此，每每风晨雨夕，我读那"千古绝调"，眼前总浮动着母亲的眼泪。

小学将毕业，在城市读书的邻家哥哥和我的友伴，给我寄来新书，一本一本，从书的式样到书的内容，全是新的，我简直高兴得发狂。深夜，一盏小油灯放在窗台上，玻璃瓶里的油，慢慢减少，灯芯儿也结成一朵黑花，母亲在隔壁房间迷迷糊糊地呵斥："天什么时候了，还熬油啊！你爹的血汗能供得起吗！"我赶快用小手巾把灯光罩住，揉揉眼睛，直到那一小灯油点完为止。冰心的《寄小读者》，冲破了我童年单调寂寞的世界，使我看到了"清极秀极"的江南，"蓝极绿极"的大洋和异国的"白极淡极"的湖水，我看着书上印的作者年轻秀丽的相片，崇拜极了，有好几次，想写信给她表示我的感激，但寄往哪里去呢？怎能想到，几十年以后，我认识了冰心，她老了，但每次看到她，脑子里同时又出现一个年轻秀丽的冰心。更难以想象的是，1967年的动乱中，我和文学界的这位老前辈，竟软禁在一间小屋，那小屋冷冷清清，摆着两张床，她的手表被人没收了，只带来一个小马蹄钟，嘀嗒嘀嗒，日夜陪着我们。我们一起默默地煮挂面，闷闷地喝茶，淡淡地谈着天气。我的心，像堵上了一块石头，一直没有对她倾诉多年以来我对她的感激之情！

还是回到童年时代吧。一个秋夜，我和母亲又坐在小院里，微风吹来，有些凉意。只听墙边花丛有蟋蟀鸣唱。母亲说："你听，它是在唱'洗洗浆浆，孩儿抱炕上'。"我侧耳细听，果然听得出来。天冷了，小虫子们，一家大小，要寻找暖和的地方过冬了。当夏季到来，它们唱的是"拆拆洗洗，孩儿抱地席"。母亲说，蟋蟀这小东西，也是有灵性的，唱起歌来也很动人心。接着，她问我，为什么好久不背书了？我告诉她，我现在读的是新书，不用背。她似乎很诧异，问我手中拿的什么书,我说,是一个叫朱自清的人写的。母亲要我念一段给她听,我只好照办。在蟋蟀的催促下,我们进了房间,坐在温暖的炕上。母亲高兴地点上小油灯,我便逐字逐句地朗读《背影》。这篇作品,是学校老师刚给我们讲过的。还没念完一段,母亲便欣喜地说:"这书好懂。"当我念到那位父亲为远去的儿子买橘子,蹒跚地穿过铁道,又爬上月台,儿子瞧着他的背影流眼泪的时候,我母亲竟也哭了。我念完了,她还久久不平静。过了一会儿,她说:"这书写得太真切了,就像你爹去高丽国,每次我看着他跨过东河大桥,他只留给我一个背影,我这一辈子看了他多少背影!可现在,一连三年没见他的背影了!"

那时,我爹在朝鲜手头拮据,为了把路费节省下来,给家多捎几个钱,已经三年不回家了。所以母亲谈及,格外伤心。母亲的眼泪,使我也想起爹的背影,并且在以后的多年,不断忆起那个背影:一个中等个儿,头戴褐色毡帽,身穿深灰色的粗布夹袍,上罩着线呢马褂,肩上背着一个土色帆布旧钱褡子,出了家门,脚步匆匆,只见褡子的一头在他背上鼓鼓囊囊,那里面装着煮熟的鸡蛋、甜饼,还有母亲亲手给他做的纳底鞋。

自我四五岁的时候,爹每次离家,我都一路小跑,追在他的身后,一直过了东河大桥,喊着:"爹!过年你可回来呀!"爹仍然头也不回,大声回答:"回!你赶快回家吧!"那背影,那土色的钱褡子,一直变得很小很小,然后看不见了,我才扭转头哭着回家。

爹的这个背影,长久不变,直到他接近 60 岁的时候,我仍然追着他过大桥,不过那时,那背影已不是那么挺直和硬朗,脚步也蹒跚起来了。唉,那是多么悲凉的背影!当我懂得一点人生以后,我常想,有谁能够把我爹的背影写出来啊!

没有料到,后来我自己踏上了文学工作之路。自然,我常常想到我爹的背影,他已经去世了,我却一直没有找到一支顺手的笔。于是自怨自艾,觉得对不起我爹,用血汗养育了我,可我报答了他什么?我更对不起从很早就对我抱着期望的可怜的母亲啊!

再以后,在革命的路上,越走越远,生活、阅历也渐渐多起来,爹的背影似乎变得模糊了,而代之的是许许多多新的壮丽的背影。有昂首阔步、奔向战场的背影,有视死如归、牺牲在敌人枪弹下的背影,还有成千上万劳动人民的瘦弱弯曲的背影,健壮高大的背影……我自问:为什么不去歌颂他们、表现他们呢?原来我已习惯屈服于烦琐的事务之中,而又以工作繁忙宽恕自己。但最终我明白了一点:我最缺乏的是勇气。

十年动乱之中，我在黄河之滨，日夜怀念故人，他们那明亮的心，明亮的背影，常常照见在梦中。千里碱滩上的凄风苦雨，又送来九泉之下屈死的同志的叹息声，他们呼唤着我的良心，我也只有声声叹息，叹罢"低眉无写处"啊！

人民的春天终于到了！春天，万物复苏，我心中长眠着的情思，丝丝缕缕，也复苏了。我感叹着逝去的时光，"悟已往之不谏，知来者之可追"，我匆匆捡起一支旧笔，虽然蘸着自己的眼泪，竟没有描好我心目中的"背影"。几十年心头上的重负，并未稍减，一颗负疚的心，也未曾得到些微的宽释。什么时候能找到一支得心应手的笔呢？

与你共品
yu ni gong pin

文题为"愧疚"，那么作者愧疚的是什么呢？父亲一生在外奔波，从挺硬朗到逐渐蹒跚，这饱含着父亲的操劳与艰辛。是父亲用血汗养育了"我"。母亲用她的慈爱、善良、坚强影响着"我"，教育着"我"。她一生对"我"抱极大的希望。而"我"却不能用自己的笔，好好地去叙写他们，赞扬他们。这就是作者愧疚的原因之所在。

个性独悟
ge xing du wu

★作者开篇很细致地描绘那教私塾的老头，指点她学古诗，其用意何在？

★作者似乎并没有着意去刻画她的母亲，但她的童年生活中都处处有母亲，说说你的脑中，这位母亲是怎样一个人物？

★通读全文，你认为作者"愧疚"的是什么？

赵小兰的家庭教育 / ···刘 墉

在我念研究生的最后一年,日文课班上突然出现了一位 50 岁左右的老太太。当她正襟危坐,挤在一群二三十岁年轻人之间,跟着教授朗读的时候,实在很有意思。起初我以为她只是排遣时间的旁听生,后来看她也紧张兮兮地应付考试,才确定是正式的研究生。她从不缺席,笔记又写得好,所以溜课的人都找她帮忙,我们称她为赵太太,直到毕业,才知道她就是前两天刚就职的,美国交通部副部长赵小兰的母亲——朱木兰女士。

我今天跟你提到赵小兰,并不想强调她是华裔在美国政府职位最高的人,也不想讨论她的白宫学者、花旗银行或哈佛大学的经历,而是想让你了解一下,赵小兰的家庭生活。因为我相信,没有那样成功的家庭教育,很难有赵小兰今天的成就。最起码,赵小兰今天立身华府高阶层,那种不亢、不卑、带有适度的矜持与华裔尊荣的气质,必然来自她那特殊的家庭教育。

你记得《真善美》那部电影吗?当朱丽·安德鲁丝初去当家教的时候,孩子们由大到小,一吹哨子,就列队出现的图画,几乎也能在赵小兰的家里看到。

赵小兰的父亲赵锡成博士很好客,每有客人来,六个女儿只要在家,一定会出来招呼。她们以非常恭敬的态度为客人奉茶,脸上总是带着真诚的笑容。尤其令你难以相信的是,当赵家宴客时,几个女儿不但不上桌,而且守在客人身后,为大家上菜、斟酒!

当我不解地问朱木兰女士时,她说:"不错!我们是教她们做女侍(waitress),但那何尝不是一种训练!"

也就因此,他们家虽然有管家,孩子仍然要自己洗衣服、打扫房间。大人的道理很简单:"由俭入奢易,由奢入俭难。管家是请来帮助父母的,不是帮助孩子,年轻人理当自己管自己的事,不能太早就受人伺候,否则很难学会独立!"

不仅料理自己的内务,每天上闹钟起床,小时候赶校车上学、回家由姐姐带头,自动自发地念书,而且他们家的六个孩子,还分担家里的琐事。

每天早晨,她们要出去检查游泳池的设备,捞掉水上的脏东西。到了周末,则要整理那占地两英亩的院子,把杂草和蒲公英拔掉。赵小兰16岁的妹妹,已经负责处理家里的账单,将那圣诞卡的邮寄名单输入电脑,并接听晚上的电话。而且,只怕讲了你也不信,赵小兰家门前长达120英尺车道的柏油路,竟然是几个姐妹,在父亲指挥下自己铺成的。赵小兰曾经在《我的事业与人生》那篇文章里说:"那时我们不见得喜欢,如今想来,大家一起工作,一起交谈,很能领会父亲良苦的用心了。"

可不是吗?如同她母亲所讲:"家园!家园!这个园地是一家人的,每个人都有责任!"正由于她们贡献出自己的心力,所以尤其会爱她们的家,觉得自己是家的一分子,家是属于自己的。特别是在一家人的工作中,更能体会到荣辱与共、同心协力,而产生共同意识。

你想想,同样是家里的车遭损坏了,对于你和赵小兰姐妹,感觉必定不同,因为我们的车道不是你铺的,你不曾流汗,怎么可能有大的感触呢?

我常强调家庭关系(Family Ties),赵小兰的家就是真正实践的例子,他们在晚餐之后极少开电视,父母也以身作则,不在电视前花太多的时间,母亲跟着孩子一起读书,父亲处理未完的公务。

至于星期天,他们一定全家去做礼拜。午餐后的点心时间,则举行每周一次的家庭会议,大伙高谈阔论,每个孩子说出自己新的想法、收获,提出计划,并征询父母的意见。所以当我们惊讶于赵家姐妹的纪律与服从的时候,要知道那是经由亲人之间充分沟通所获得的共识。当她们为家里做事时,不是想着父母命令自己做,而是心里有着使命感。家是一个"共荣圈",每个成员都这么有向心力,自然会兴旺。

我们也确实看到赵家,1962年坐船来美国,孩子们半句英文不通,艰苦奋斗到今天,已经有四个从名校的研究所毕业;赵锡成先生更成为航运财经界的名人,连赵小兰的母亲,都以两年全勤的记录,修得了硕士学位。

但是你知道吗?赵家虽然富裕,孩子却多半进公立高中。在外面的花费,不论大小,都要拿收据回家报账。赵小兰念大学时还向政府贷款,靠暑假打工还钱。这不表示她的父母小气,而是因为要求子女独立、负责,把钱花在当用的地方。

所以赵小兰能打高尔夫球、骑马、溜冰,更弹得一手好琴。父母对孩子说:"我们虽然俭省,但你们要学东西,绝对不省。只是既然说要学,就有责任学好！"

　　他们也每年安排两次全家的旅游,从选择地点、订旅馆房间,乃至吃饭的餐馆,完全由孩子负责,父母都少过问。如此说来,这旅行,不也是一种组织、分工的训练吗?

　　所以我说:赵小兰姐妹的成功,与她们的家庭教育有密切的关系。连布什总统前几天在白宫接见赵锡成先生一家时,都特别强调这一点,还对太太芭芭拉说,应该向赵小兰的母亲学学怎么管孩子!

　　怎么管? 答案应该是:

　　将中国传统的孝悌忠信与西方社会的组织管理方法结合! 既培养个人的独立个性,更要求每个人对家庭的参与,透过沟通后产生的共同意识,达成期望的目标。

　　在你听完赵小兰父母教育子女的方式之后, 是不是觉得我们彼此都该有所检讨与修正?

与你共品

　　刘墉,作家。他的作品取材十分广泛,生活中的林林总总都是刘墉写作的素材,而且这些别人司空见惯、熟视无睹的现象,经刘墉之手都能写得有声有色、有滋有味,《赵小兰的家庭教育》也属此类。本文没有说教,只是将赵小兰的琐碎之事向读者平平淡淡地说出来。在这平平淡淡的过程中,我们感受到了赵家的"特殊",所谓"特殊"并非想不到,只是不容易做到。赵小兰的家庭教育其核心体现在勤劳、勤俭、勤勉以及真诚待客、参与意识、规律意识、组织意识,中国的传统孝悌、忠信与西方社会的组织管理方法相结合。

把书读到寂静的程度

个性独悟
ge xing du wu

★"正襟危坐"一般的意思是什么？而本文的意思是什么？朱木兰的学习情况为什么要与赵小兰联系在一起？

★家庭教育成功与否，是不是以"成就"大小来作为衡量标准？如果用文中的8个字来概括赵小兰的家庭教育，这8个字是什么？

★赵小兰在《我的事业与人生》中说"那时我们不见得欢迎"，这从另一方面说明教育的怎样一种性质？"很能领会父亲良苦的用心"，说一说父亲的"良苦用心"？

★赵小兰的家庭教育既不同于一般的中国家庭教育，也有别于一般的美国家庭教育之处是什么？（用文中原话回答）结合全文说一说家庭教育的重要性。

快乐阅读
kuai le yue du

附耳细说 / ···毕淑敏

古书里说过一个小故事。

一位名叫黄喜的相国，微服出访，路过一片农田，坐下来休息，瞧见农夫驾着两头牛正在耕地，便问农夫，你这两头牛，哪一头更棒呢?农夫看着他，一言不发。等耕到了地头，牛到一旁吃草，农夫附在黄喜的耳朵边，低声细气地说，告诉你吧，边上那头牛更好一些。黄喜很奇怪，问，你干吗用这么小的声音说话?农夫答道，牛虽是畜类，心和人是一样的。我要是大声说这头牛好那头牛不好，它们能从我的眼神、手势、声音里分辨出来我的评论，那头虽然尽了力，但仍不够优秀的牛，心里会很难过……

由此想到人，想到孩子，想到青年。

无论多么聪明的牛，都不会比一个发育健全的人，哪怕是稍明事理的儿童,更敏捷和智慧。对照那个对牛的心理体贴入微的农夫,世上做成人做领导做有权评判他人的人,是不是经常或批评的瞬间,忽略了一份对心灵的抚慰?

父母常常以为小孩子是没有或是缺乏自尊心的。随意地大声呵斥他们,为了一点小小的过错,唠叨不止。不管是什么场合,有什么人在场,只顾自己说得痛快,全然不理会小小的孩子是否承受得了。以为只要是良药,再苦涩,孩子也应该脸不变色心不跳地吞下去。孩子越痛苦,越说明对这次教育的印象深刻,越能够起到举一反三的效力。

能够约束人们不再重蹈覆辙的唯一缰绳,是内省的自尊和自制。它的本质是一种对自己的珍惜和对他人的敬重,是对社会公有法则的遵守与服从。如果一个孩子从小就在无穷的心理折磨中丧失了尊严,无论他今后所受的教育如何专业,心理的阴暗和残缺都很难弥补,人格将潜伏下巨大危机。

人们常常以为只有批评才需注重场合,若是表扬,在任何时机任何情形下都是适宜的。这也是一个误区。

批评就像是冰水,表扬好比是热敷,彼此的温度不相同,但都是疗伤治痛的手段。批评往往能使我们清醒,凛然一振,深刻地反省自己的过失,迸发挺进的激奋。表扬则像温暖宜人的沐浴,使人血脉偾张,意气风发,勃兴向上。

但如果是在公众场合的批评和表扬,除了对直接对象的鞭挞和鼓励,还会涉及同时聆听的他人的反应。更不消说领导者常用的策略往往是这样:对个别人的批评一般也是对大家的批评,对某个人的表扬更是对大多数人的无言鞭策。至于做父母的,当着自家的孩子,频频提到别人孩子的品行作为,无论批评还是表扬,再幼稚的孩子也都晓得,更是醉翁之意不在酒的含沙射影。

批评和表扬永远是双刃的剑。使用得好,犀利无比,斩出一条通达的道路,使我们快速向前。使用得不当,就可能伤了自己也伤了他人,滴下一串串淋漓的鲜血。

我想,对于孩子来说,凡是隶属天分的那一部分,无论是表扬还是批评,都不必过多地拘泥于此。就像玫瑰花的艳丽和小草的柔弱,都有浓重的不可抵挡的天意蕴藏其中,无论其个体如何努力,可改变的幅度不会很大,甚至丝毫无补。玫瑰花绝不会变成绿色,小草也永无芬芳。

人也一样。我们有许多与生俱来的特质,每个人都是不同的,比如相貌,比如身高,比如气力的大小,比如智商的高低……在这一范畴里,都大不必过多地表扬或是批评。夸奖这个小孩子是如何美丽,那个又是如何聪明,不但无助于让他人有的放矢地学习,把别人的优点化为自己的长处,反倒会使没有受表扬的孩子滋生出满腔的怨怼,使那受表扬者繁殖出莫名的优越。批评也是一样,奚落这个孩子笨,嘲笑那个孩子傻,他们自己无法选择换一副大脑或是神经,只会悲观丧气也许从此自暴自弃。旁的孩子在这种批评中无端地得了傲视他人的资本,便可能沾沾自喜起来,松懈了努力。

批评和表扬的主要驰骋疆域,应该是人的力量可以抵达的范围和深度。它们是评价态度的标尺而不是鉴定天资的反光镜。我们可以批评孩子的懒散,而不应当指责儿童的智力。我们可以表扬女孩把手帕洗得洁净,而不宜夸赏她的服装高贵。我们可以批评临阵脱逃的怯懦无能,却不要影射先天的多病与体弱。我们可以表扬经过锻炼的强壮机敏,却不必太在意得自遗传的高大与威猛……

不宜的批评和表扬,如同太冷的冰水和太热的蒸汽,都会对我们的精神造成破坏。孩子的皮肤与心灵,更为精巧细腻。他们自我修复的能力还不够顽强,如果伤害太深,会留下终生难复的印迹,每到淫雨天便阵阵作痛。遗下的疤痕,侵犯了人生的光彩与美丽。

山野中的一个农夫,对他的牛,都倾注了那样的淳厚的爱心。人比牛更加敏感,因此无论表扬还是批评,让我们学会附在耳边,轻轻地说……

与你共品

本文以"古书里说过一个小故事"开头,引出有关儿童、青年的教育问题。儿童、青年应受到怎样的批评与表扬将对他们的一生产生影响,因此,作为家长教育子女应该把握一定的教育方法,掌握好语言、行动的尺度。文中列举了一些生活中常见的现象,从批评与表扬的角度、方式、范围进行了阐述。

个性独悟
gè xìng dú wù

★作者认为能够约束人的行为规范，要求人们自尊和自制的本质特征是什么?(用原文语句回答)

★运用好"表扬"与"批评"的手段，会收到怎样的效果?(用原文语句回答)

★文章最后一段文字有何作用?

作文链接
zuo wen lian jie

逆境出人才 / ··· 乔莺燕

艰难曲折的环境，悲惨的命运，能把意志薄弱者吞噬掉;但也能像砺石一样，磨炼强者的性格。逆境造就强者，逆境造就人才，这是为千百年历史所证明的一条普遍真理。

"宝剑锋从磨砺出，梅花香自苦寒来"，是水的冲积，沙石的磨砺，才使鹅卵石日趋于圆。人也是千百次的打击磨炼之后才变得更加成熟坚强。"草木不经风霜，则生意不固;人不经忧患，则德慧不成。"是的，逆境对人是沉重的打击，给人增加无穷的压力。但压力造就人才，就像高压下产生的金刚石坚硬无比一样。我国古代的儒学大师孟子早就说过"生于忧患，死于安乐"，环境愈是艰苦，条件愈是恶劣，往往愈能磨炼人的忍耐力，激发人的创造力。奇迹往往在与厄运的搏击中产生。

司马迁，卷帙宏伟的《史记》的作者，是一位从逆境中奋起的强者。他在受了"宫刑"之后，几次想一死了之。但他知道，人固有一死，或重于泰山，或轻于鸿毛，这样死去岂不是轻于鸿毛。于是，他忍辱含垢，用了18年时间完成了《史记》这部宏伟巨著。

朋友，你知道"歌王"舒伯特吗?你知道《摇篮曲》吗?我想你一定会说知道，

把书读到寂静的程度

但是你知道举世闻名的《摇篮曲》是怎样写出来的吗？也许，你不会相信，它是舒伯特被饥饿包围时，为了换取一些食物而作的，这首现今著名的曲子在当时只是一份土豆烧牛肉的价格！在饿得发昏的关头，仍想着音乐，这就是舒伯特赖以支撑而没有倒下去的一个顽强的支点。正是这个支点使他在逆境中奋起，在饥寒交迫、贫困交加的短短的19年中创作了100多部合唱曲和600多首歌曲。贫困与疾病使他过早地离开了人间，然而他留下的不只是优美动听的乐曲，还有比音乐更重要、更可贵的，就是战胜困难，从逆境中奋起的精神。

封建社会、资本主义社会有逆境，需要人的顽强意志，社会主义社会的今天，同样有逆境，更需要人的拼搏精神。张海迪高位截瘫，病魔缠身，连生活都不能自理，硬是凭着超人的毅力，自学成才，成为一代青年的楷模。陈景润为攻克哥德巴赫猜想的数学堡垒，克服重重困难，发奋研究，努力摘取数学皇冠上的明珠。那些在改革开放中涌现出来的一大批优秀企业家，不也是摆脱了十年动乱的困扰，克服了种种艰难险阻，勇于开拓进取而功成名就的吗？

"沧海横流，方显英雄本色。"逆境对于弱者是灭顶之洪水，而对于强者却是上升的阶梯。逆境是磨刀石，使强者能磨硬锋刃从而披荆斩棘，在本来没有路的地方开辟出一条路来。

朋友，不要过多地抱怨周围不利的环境，不要一味地沉溺于"生不逢时"的感叹声中，重要的是化逆境为顺境，变磨难为活力，这才是成才之道。

【简 评】 jian ping

本文先以古代的名人轶事、名人名言为据，层层分析论证中心论点。再以今人今事进一步分析论证，突出了文章的现实意义。文章语言恳切，引用恰当、灵活，增强了文章的说服力。

学习学习再学习 / ··· 杨天颖

窒 息

今天,真是一个黑色的星期五,一天里有三门考试,再创开学以来的"历史新高"。为了这一天,为了这三门测验,周四的夜晚,几乎每个人都在加班加点,时针虽已指向"11",但仍无法入眠,沉重的心理负担与压力令我们窒息。一遍又一遍重复着已重复了一百遍的内容,像小和尚念经——但绝不是有口无心,不是不认真背,是实在记不进,瞌睡虫一次又一次地侵袭,衰弱的脑细胞难以抵抗。不知不觉中,我已趴在桌子上,呼噜连翩,一觉醒来才发现已经1点,颤颤悠悠地踱到床边,便倒了下去,却还是辗转难眠,因为明天祸福难料的考试,更因为对接踵而至、连绵不断的考试的不满。

雨过天晴,又一阵风

"拨开天空中的乌云,像蓝丝绒一样美丽……"在多门考试的暴风雨狂扫、侵袭之后,我禁不住将头探出窗外,做着一次又一次的深呼吸。似身上卸下了万斤重担,感到无比的舒畅。天格外蓝,树格外绿,生活好像一下子从地狱般痛苦升到天堂般自在。

在最后一门考试,也就是最讨厌、最无聊、最死记硬背的思想政治考试的下课铃响后,总是把握最后一秒的我,这一刻顿时松弛下来,不再最后阅览一遍试卷,也不再抓紧与周围同学交流,只是坐着,静静地等组长将试卷收上去,静静地闭了眼,让记忆的空间保留最后一份空白。

凡事不论结果如何,我们只注重过程。成绩虽然已经揭晓,但是,我真的不想再提起。倒不是因为成绩不佳,也不是我故弄玄虚。或许是因为我累了吧,或许初中接连不断考试的那种沉重的负担,已压得我麻木了。众多的考试成绩中,有令我欣喜的,有令我吃惊的,有令我满意的,也有令我伤心的,但不论如何,那几个日日夜夜无休止的努力已足以证明一切:我努力了,便不再有遗憾。

望着蓝天,敞开胸怀,真的觉得好爽,好爽。不再有什么压力,不再有什么负担,至少现在。

"呼——"突然,一阵狂风吹乱了我的头发,蓝天中似乎又有一块硕大的乌云在逼近,有一股更猛的压力在袭来:明天将又有新的挑战。

这就是中学生活,无休止的周期性的运动。

由日记所想到的

"针对你们提出的意见,我宣布,从今以后,日记改为两天一篇,一星期四篇。"台下有掌声,有欢呼声,而我却静静地坐着。

为了那做不完的作业,我们放弃甚多,如今日记也要离我远去。回首一个月,我不曾感到欢乐,也没有失望,只是木然。为了考试,为了争第一,我泪别了已伴我四个春秋的钢琴,收藏起我钟情已久的古筝,放好了我以前少不了的中外名著,封了毛笔,合上了颜料,关掉了录音机……除了一个个红勾勾,我真不知道自己近来得到了什么,而又失去了什么……

一个月,做了多少道题;一个月,写完了多少支笔芯;一个月,答了多少张试卷;而一个月,又学到了多少人生真谛、看过了几页课外书、写了几篇满意的文章、做了多少自己想做的事?

老师在讲台上说着,略显无奈地叹了口气……

难忘九月

如今已是10月的第九天了,再回忆那个已逝的9月,不知是否有些必要,可是,涌动的思绪,使我不得不回想起那个艰辛、劳累、负担沉重而又充满喜悦的9月。

那是刚步入中学的日子。尽管面对快节奏的学习生活、成倍增长的作业负担、无休止的各科考试有所不适应,但不甘示弱的我,一次次地克服困难,一次次地坚持了下去。

那是收获颇丰的日子,荣幸地成为初一大队部的大队长,自豪地在初一大队部成立大会上作自我介绍,又成功地入选学生会;为9月的生活添上了重重的一笔。

那是充满汗水与泪水的日子,每当夜深人静的时候,我写字台上的灯还亮堂堂的。虽然疲乏使上下眼皮不停地打架,但是意志与信念使我挺了下来。

......

这一切的回忆,都源于今天的一个精彩镜头:班主任老师捧着我的脸,兴奋地告诉我;9月份的各科测验总成绩我跃居榜首。而这个喜讯的到来,并没有使我忘乎所以,只是平静地接受。似乎这个结果早在意料之中,不是因为我夜郎自大,而是因为我始终坚信,努力一定会有回报。一个月的付出,即使不是第一,我也会感到自豪,因为努力足以证明一切。

金秋的10月,相信会有更多的惊喜与收获,但前提便是:

记住9月的艰辛,付出双倍的努力!

【简评】
jian   ping

文章构思奇妙,文笔流畅。作者以考试为主线,描写了中学生学习生活的艰辛。学习,学习,再学习! 确实是当代中学生的真实写照! 那是充满汗水与泪水的日子,那也是收获颇丰的日子,无休止的周期性运动,也是最强有力的生命律动!

能去书店的孩子,真幸福/ ···佚 名

每次去市新华书店,总能看到一些孩子或蹲或站,零零落落散布在书架的缝隙中。看着他们捧着书本甜蜜地阅读,心里想,这些能沉浸在书的熏陶中的孩子,真幸福。

偌大一个书店,真正来这里看书购书获取这种幸福的学龄儿童并不多。其实我也知道,大多数孩子在闲暇时间或假期里都忙着去上各种所谓的辅导班去了。在父母的要求下,或许他们只能去读那些所谓的考试科目的书了,而一些有益的文学书籍他们是无法亲近的。

都说现在的孩子幸福,但我认为一个不能阅读自己喜欢的书籍的孩子是可怜的。那天,我曾碰到一位匆匆赶到书店的一位小男孩。我问他为什么如此

把书读到家静的程度

匆忙。他说，他是从老师辅导的地方偷跑出来的。他擦拭着汗津津的脑袋说，这里有一本很精彩的书，他上次看了一部分，很想看完，但父母却不让他来书店，书实在吸引人，所以他今天偷偷地跑出来就是想把这本书看完。

看着这位跑得满头大汗的小男孩，我一阵唏嘘。

记得一位著名人士说过这样一句话，会看书的孩子不会差，也不会变坏。前些天，又看到 2008 年诺贝尔文学奖获得者法国的克莱齐奥在获奖演说中说过这样一句话："我理解了对孩子来说还比较模糊的一个真理，那就是：书籍是比不动产或银行账户更珍贵的财富。"

一个孩子能从小爱上阅读，我想这是一个孩子的幸福，也是一个家庭的幸福。可如今，有多少孩子阅读的爱好被父母短视的目光、现实的功利所抹杀。在父母眼中或许只有与考试成绩有关的书本才是真理，其他的书都不能碰。我接触过很多带孩子来书店的父母，他们一进书店都是直往教辅区奔，去买老师指定的复习资料。很多孩子能来书店看书都是一个人偷偷过来的。

可喜的是我发现了少量的农民工的孩子也来书店了。他们来书店的初衷竟然是由于父母要上工没有时间陪伴他们。真想不到，父母无暇管束竟然成就了这群孩子走进书店，亲近书本。我曾问过一个来自江西的农民工的女儿。她说，这里的书店真好，有这么多书，她一个假期能看上好几本，不过她也疑惑，城里的孩子来这里看书的为什么很少？小女孩当然不会明白，城里的很多孩子也都在埋头流汗在读"书"，但并不是像她一样读自己喜欢的书罢了。

教育学家朱永新说过："一个人的阅读史就是一个人的成长史。"缺少阅读的人生是不完整的人生，阅读能使人汇聚仁爱之心、文雅之气、宽容之怀、睿智之思。缕缕书香，才能奠基一个人最精彩的生命底质，愿书籍能为孩子的青春成长过程闪亮作证。

【简 评】
jian ping

"能去书店的孩子，真幸福！"这是一篇具有独特魅力的文章，也是每一位热爱学习的人的幸福呐喊。作者对图书热爱、对阅读的执着追求，都反映在篇言语真切、情感真挚的文章中。

失

落的音色

学习卷

一个不懂得爱的孩子，就像不会呼吸的鱼。

　　一位名叫阿利的年轻人,为了寻找钻石,变卖了自己的地产,到很远的地方寻找宝藏去了。而买下阿利地产的人,把骆驼牵到后院小·河边喝水,骆驼凑到河边时,这人发现了一块闪光的东西,原来是块钻石。

　　不久,卖房的那位青年空手而归,来到自己原来的住处,发现在自己原来的地产上,正开掘钻石。

　　人们往往舍近求远,其实钻石就在你的脚边。

命题作文/···任常群

欣闻今年高考作文试题出得活泛，报上登出的一些考场佳作，真是百花齐放，争奇斗妍。这不禁让我想起小学时写命题作文的事。我上小学是在一个小山村里，在刚刚粉碎"四人帮"的那几年。那时小学从四年级开始写作文，基本上都是命题作文，而命题次数最多的，就是"我最难忘的一件事"，或是"难忘的一天""记一件有意义的事"等。记得第一次写"难忘的一件事"时，同学们眼中"难忘"的事丰富着呢，有的写跟妈妈学包饺子或烧菜，然后品尝自己的"劳动果实"；有的写跟大人进城逛公园、看花灯；有写自己动手洗手帕的；也有写助人为乐、拾金不昧的。两天后，作文本发下来，老师分别在上面写了评语：写跟吃喝有关的是"贪图享受"，写进城看风景的是"小资情调"，这两类作文文笔再好，最多能得个"可"的评语；而写劳动方面的文章，一般评语为"总体尚可，但立意不高"，多数能得个"良"；有三位同学写了捡到钱包后归还失主的事，结果竟无一例外都被评为"优"。其中两位文中的部分句子都不通顺，这让同学们很是忿忿，但慑于老师的威严，也没人敢说什么。

小孩子的模仿能力是很强的，你写捡钱包能得"优"，我就不能捡吗？于是以后再写类似的命题作文的时候，"捡钱包"的人就越来越多了。有的同学一开始还"执迷不悟"，但见到"捡了钱包"的伙伴们兴高采烈地拿到"优"，过一阵子也"晚节不保"，纷纷加入"捡钱包大军"，到后来，竟发展到"十篇作文九捡钱"的程度。(不知人的"忘性"大小是否与生活水平成反比，要不那年头咋有恁多人丢钱?)写得多了，文章的内容、形式就愈加趋同了。同时，我们总结出来的考试"包得高分"的"规范模式"如下：

今天是礼拜天，艳阳高照，万里无云。(故乡天气号称"天无三日晴"，但到我们作文里，却"每天都是艳阳天"。)爸爸带我去城里买《新华字典》。(或买学习辅导材料，但绝不能去买衣服或逛公园，否则又成了"小资情调"。)一大早，我和爸爸到镇上上了一辆大客车。客车开动了，望着车窗外飞逝而去的景物，我的心情十分激动，只盼着车开得快点儿、再快点儿，早点儿开到城里，我就可以得到那本天天想、日日盼的《新华字典》了。(这段文字不可缺,老师说,这叫"心理描写",可使文章增色不少。)

一个小时后,客车终于开进了城。我兴奋地下了车,跟着爸爸向市新华书店走去;突然,我发现路边有一个黑乎乎的东西。走近,拾起来一看,呀,竟是一个钱包!(在我之前路过的人怎么没发现?那个时代患近视眼的人可比今天少多了呀!)打开一看,里面竟有10多元钱,相当于爸爸一个月挣的工分呢!

我想,这么多的钱,能买好多本书,还能买些好吃的,多好啊!但转念一想,不行!失主发现丢了钱,该有多着急呀!这会儿一定在四处找钱包呢。(这叫"欲扬先抑",是老师教给我们的"高分秘籍"之一,后经实践检验,果然屡试不爽。)我的心中浮现了雷锋叔叔的光辉形象,他大公无私、助人为乐的高尚的共产主义精神深深地感染了我。对!向雷锋叔叔学习,拾金不昧,一定要找到失主。(如果想起王杰或欧阳海谁的也行,反正至少得写一个,此乃又一"高分秘籍"。)爸爸很支持我的想法,我们就在路边等失主回来找钱包,等啊等,一直等到日头偏西。(还有更晚的,一直等到"华灯初上",甚至"繁星满天"。一整天时间,父子两人怎么熬过来的?一直站在原地?中午吃没吃东西?不过这些都不用去管,照老师的说法:不是得分点。)这时,就见一个骑自行车的小伙子急匆匆赶来,问我们有没有捡到一个钱包。我和爸爸喜出望外,忙把钱包交给他。(真是功夫不负有心人啊!不过,父子俩也太大意了,连钱包的颜色和里面装什么都不核实一下,小伙子会不会冒领?也许那时的人都比较单纯,这种担心是多余的吧。)他接过钱包,连忙向我们道谢,还抽出两元钱要"意思"一下。我和爸爸坚决不收,连说:"这是我们应该做的。"(这两块钱千万不能收!否则,前面写得再好,此文都恐难及格!记得还有一个同学更绝,写本来爸爸认为两人辛苦一天,不容易,想把两块钱收下,但"我"觉得助人为乐不应讲代价,最终说服了爸爸,没要那两块钱。他这篇文章在一次考试中竟给了满分!)

小伙子对我们千恩万谢,高兴地骑着车子远去了。待我和爸爸赶到新华书店时,书店早就关门了。《新华字典》没买成,但我因为做了一件好事,一点儿也不感到遗憾。(显"我"精神境界之崇高。)

作文写到这里,也就差不多了,但还没有全完。老师常对我们说:编筐织篓,全在收口。如果你写:今天是多么难忘啊!虽然扣了题,但八成会影响一点儿得分,因为"过于简单"。多亏老师循循善诱,我们很快就学会了写一个好的文章结尾,且屡试不爽。一种是"口号式"结尾:在回家的路上,我为我做了一件好事而感到心情无比激动。我们一定要好好学习,天天向上!另一种是"太阳

四

失落的音色

月亮式"结尾,也叫"衬托法":回家的路上,夕阳西下,大地披上了一层金装。(或:月亮爬上了树梢,大地洒满银辉。)我的心情无比激动与自豪。这是至今我做过的最难忘、最有意义的一件事,因为我无愧于"少先队员"这个光荣的称号!

与你共品
yu ni gong pin

　　这篇文章由高考作文试题出得"活泛",佳作"百花齐放,争奇斗妍"而回想起小学时的作文情形。文中提到的过去时的作文情形说者看似轻松,其实颇为沉重;今天的学生当成笑话看,其实仍有这种笑话式作文教学的存在。小小的一个作文题,教师寥寥数语的评语及一个分数,竟有着时代的特点,关系到培养什么样人的问题,这么说来话题并不轻松了。因老师的好恶使同学们大开说假话之先河(人是不是从这开始说假话不得而知)。但老师起码是怂恿、鼓励了学生的假话。文中说假话尚可理解,久而久之谁又能保证做人方面不说假话呢?(但愿不是危言耸听)教师在指导作文方面十分机械可笑,诸如心理描写,欲扬先抑;什么编筐编篓,全在收口;什么人为设置的思想境界拔高,什么"太阳月亮式"结尾的"衬托法"等等。这完全是创造写作的新八股,难怪鲁迅先生对写作之秘诀深恶痛绝。本文看似轻松幽默,实则针砭作文教学之弊端,但愿同学们阅读此文后或改之或警惕之,写作乃是"我手写我口",究其实就是这么简单的事情。该用什么方法,自然水到渠成信手拈来,不可告诫自己我在此处必须用"法"了;用什么样的结尾,要看自己的情之所至,心激多高就识文多高,不要"扳留助高",作文不是思想汇报,不是政治报告,总是"激动",心脏也会负荷太重;作文是写给自己看的(变成铅字则另当别论),不要太在意老师的评价(与是否虚心无关)。阅读时不可忽略括号内文字,这都是作者观点所在。

个性独悟
ge xing du wu

★怎样理解"欣闻今年高考作文试题出得活泛","不禁让我想起小学时写命题作文的事"中的"活泛"和"命题作文"？

★"写得多了,文章的内容、形式就愈加趋同了",出现这种"愈加趋同"的主要原因是什么？

★"我们总结出来的考试'包得高分'的'规范模式'"出现的主要原因是什么？你是怎样理解"心理描写,可使文章增色不少"的？

★本文大量地使用了括号内文字,这些括号内文字在文中起何作用？

快乐阅读
kuai le yue du

凝视旧书的扉页／···佚 名

凝视旧书的扉页,惊现一行洇湿的汉字:

"啊！咱俩都是庄稼人。"

这行字很突兀,其中的"是"字简写,不规范。"庄"字写错成"禾庄"的连体。笔迹是碳素墨水,运笔较为大气且苍劲有力。整个扉页霉点团团,呈土褐色,似坠地的淡菊。

这本旧书是在我整理书籍时发现的,这是一本怎样的书呢。

书名为《唐宋传奇故事》。书陈旧,每页的上下边角都打了卷,起了须。封面暗红并褶皱深深,编者为刘耀林。书出版时间为1990年3月,少年儿童出版社出版。定价:1.95元。书中选译了37篇唐宋传奇故事,第一篇是《区寄脱险》,最后一篇是《定元弓箭手》,共190页。书的封底不知何故被撕去。书脊上有个图书馆的贴码,贴码为201310。翻遍全书没有找到任何图书馆的印章(难道在被撕去的封底上)和历届收藏者的姓名,只是在书的第 65 页发现了"猴才"字样,"猴"字也写错了,没有中间的单人部。显然,这不是藏书者有意留下的。

至于这书是什么时节、什么地点流传到我手里,我打捞多年沉积的记忆,没有任何线索。我只知道它一直堆积在我的藏书库中,书的内容我也似乎没有读过。

今天,无意中翻开这部书,看到扉页上的这一行字,我却产生了无端的遐思。

"啊!咱俩都是庄稼人。"书写时没有使用双引号和句号,这两者是我有意加上去的。8 个字加上一个感叹号,总计 9 字。

写上这行字的是一个怎样的人?

"咱俩",可以看出书写者的旁边一定还有一个人。"咱俩"的内容是说的是同胞兄弟还是一对缱绻恋人或恩爱夫妻呢?抑或还是骨肉父子及其他有关系的两人?这些推测皆无法证实,我倒愿意他们是一对恩爱的夫妻。

"庄稼人"三个字,显然表明留下笔迹的是一个在务农的人,他俩的生活空间就是广阔的田野,每天浮现在眼前肯定是生机勃发的农作物。

"啊!咱俩都是庄稼人。"

凝视这行字,可以确定的是,书写者肯定上过学,而且书读得还行,从书写的笔迹和工整性可以揣测,书写者应该是男性,至少读过初中,只读完小学的孩子是很少有写出这样大气的字的。

其次,书写者不仅能写一手还算漂亮的字,同时也蛮喜欢阅读书籍。庄稼人农忙时是日出而作、日落而歇,农闲时也是忙着冬藏春育,很少有闲暇时间来荒芜的。而书写者却忙里偷闲,每天能够看上几页书,这真是难能可贵的。在 20 世纪 80 年代那个时期,农村还是文盲遍地,同时国家文化上的浩劫也刚过不久,书写者和自己的爱人能雅致地看起书来,也是需要勇气的。

"啊!咱俩都是庄稼人。"

书写者在提笔落下这行字时是何种心态呢?是在叹息命运的不公,抑或叹息庄稼人的自豪?

或许,他们有考上高一级学校的机会,可惜因为自己成绩不够理想,他们都落榜了。也许是在悲哀咱俩都是被"文革"耽误了读书时光,以致都成了庄稼人。"啊!咱俩都是庄稼人。"也许是他们彼此安慰话,现状是他俩都成了地地道道的庄稼人,该安安心心种好庄稼,再也不要有什么妄思邪念了。

或许,改革开放的春风开始吹到田间地头了,农村也分田到户了,他们也如愿地分到了自己的土地。那天,他在看完书后,和爱人感叹并喜悦,写上了这行字。我们都是庄稼人,多幸福,在希望的田野上,幸福美满的生活还会远吗?或许……

"啊!咱俩都是庄稼人。"

再一次阅读这行字,我更感到了一层惊喜。咱俩都是庄稼人,可咱俩都能看上书,能看书的庄稼人是幸福的庄稼人啊。别人在农作的闲暇只能打瞌睡,而咱俩却能掌灯夜读,依偎着共剪西窗烛。红袖添香,文情相融,这该是多么浪漫和温馨的美事啊。放眼辽阔的乡野,谁能不羡慕或嫉妒咱俩?

"啊!咱俩都是庄稼人。"

再一次凝视这行字,我发现心间有原始的细胞在涌动。

虽然,我和爱人离开乡间来到都市有 10 年了。可我俩每年都要抽空去拜访我们乡村的故土,依然把自己看成庄稼人。是啊,如今有太多的人都在不择的手段整容, 妄图从皮肤上铲除自己庄稼人的痕迹。他们都标榜自己是都市人,鄙视进城的庄稼人。其实,所谓的都市人,他们本质上、心底里都是庄稼人的儿子或孙子;所谓的都市人只是由于他们的祖辈父辈早些从田地里上岸罢了。洗脚上岸是每一条血脉相连族群迟早的事,没有什么值得炫耀的。

再说庄稼人怎么啦。如今,那些上岸了的"庄稼人",他们流的依旧是庄稼人遗传的血。吃、穿、住、行,哪一样不凝结进城务工的庄稼人的血和泪。不管社会的车轮如何飞速,植根广袤乡土的庄稼人永远都会是国家的铮铮脊梁。

"啊!咱俩都是庄稼人。"

"咱俩"竟然是庄稼人了就应该服务好属于自己的庄稼。其实人人都是庄稼人,人人都有属于自己的庄稼。庄稼人耕耘场所在田间地头,服务的"庄稼"是农作物。只不过有些人耕耘地方、对象变了形式罢了。公务员耕耘的场所在机关,服务的"庄稼"是人民;医生耕耘的场所在医院,服务"庄稼"是病人;教师耕耘的场所在学校,服务"庄稼"是学生……各行各业都有自己的田地,都要像老农种植庄稼一样,勤勤恳恳种植好自己的庄稼。农谚说得好:人哄地一时,地哄人一年;人哄地皮,地哄肚。我们都是庄稼人,就应该需要迎风接雨、沐雷浴电,在春萧秋瑟、夏蒸冬冻中侍弄好属于我们的"庄稼"。

"啊!咱俩都是庄稼人。"

再凝视一遍,我读出的不是颓唐与自卑,是荣光与自豪。你是庄稼人,我是庄稼人,他是庄稼人,我们都是庄稼人。我们都要播种春天,耕耘夏天,收获秋天,酝酿冬天……

陡然,我有一股书写的冲动,我找到儿子的一支铅笔,在"啊!咱俩都是庄稼人"的下方空白处写上:

对!咱们都是庄稼人。

与你共品
yu ni gong pin

　　这是一篇作者与书的"重逢与新知"。一本旧书、一个陌生人曾经写在扉页上的一句话,勾起的却是作者绵绵不绝、不断拓展的遐思和想象。透过这行大气且苍劲有力的字,作者在驰骋的思想疆域里想象着:"写上这行字的是一个怎样的人?""是谁在和他或是她共读这一本书?""他们是什么学历?多大年纪?""他们是男人还是女人?""是忙里偷闲的可贵还是悠然自得的自在?"

　　作者通过对一个陌生人在一本旧书扉页上的题字,描绘了这么多年祖国山乡巨变的美景和一代代庄稼人的勤劳、肯干。点出了文章的主题:不管社会的车轮如何飞速,根植广袤乡土的庄稼人永远都会是国家的铮铮脊梁。

个性独悟
ge xing du wu

　　★"啊!咱俩都是庄稼人。"中的"咱俩"指代的是谁?

　　★作者对书中题字人身份的想象依据是什么?

　　★文中表达了作者对"庄稼人"怎样的情感?

　　★旧书扉页上这么一句简单的话,为什么会让作者发出如此多的感慨?

　　★你心中的"现代庄稼人"是什么样子的?

快乐阅读
kuai le yue du

别灰心，再试试 / ···佚 名

上小学四年级以前，我一直害怕作文、愁作文，因为一来脑子空空，没东西写，二来不知道怎么写，怕写不好挨批、"坐红椅子"（那时差的作文老师往往当作反面的教材，在课堂上念，并把名字写在前面的黑板上，这种做法我们称之为"坐红椅子"）。尽管语文老师每次作文课都念了不少优秀范文，有作文书上的，也有班上同学写的，也有已毕业的学生写的。但我还是不会写作文，一到作文课因半天写不出一个字来而急得恨得咬铅笔杆子。一节作文课下来，那支铅笔早已遍体鳞伤，牙印纵横，如同被狼啃噬过一般。作文课成了那时我最难过最打怵的一门课。

记得小学四年级下学期的时候，新换了一位语文老师。他是我们村的，和我一样也姓厉。他上作文课的做法有一点和前一位老师不同，就是很少念写得差的作文，更不把作文差的同学"坐红椅子"。而是把好的作文，或一篇中有一两个他满意的句子的作文，或因一个次比较生动出彩的作文的同学的名字，用红笔写在前面的黑板上，并且用很大的夸张的字端端正正地写在那儿，非常炫目而耀眼，但我们都很喜欢（我们背后称之为"上黄榜"）。我虽然作文差，但做梦都想着哪天自己的名字也能被老师这么夸张地写在黑板上。

很快两个星期过去了，一个月过去了，我的愿望一直像天上的星星悬挂在梦想的天空。又逢作文课，老师布置我们写秋景的作文，并带我们到了附近的一个大苹果园里体验生活。我们都非常高兴。老师在果园里一边让我们观察，一边指导我们写作的方法。回到教室后，便接着让我们写作文。本来自己在果园里兴致勃勃，满以为自己可以写出一篇拿得出手的作文，可真的一提笔，结果还是老虎啃天，无从下手。眼看半节课就要过去了，正急得火烧火燎的，猛然想起早晨放在包里的一本哥哥上学时用过的作文书。急中生智，赶紧悄悄地翻动出来，找了一篇类似的作文，加上自己在果园里看到的景物，东凑西拼裁剪了一篇交上，那感觉简直就像做贼一般又心虚又紧张。

勉强交上作文后，我心里一直忐忑不安，怕被厉老师发现。没想到，第二周作文课上,老师却表扬了我,并当堂亲自念了我的作文。还有,更让我激动的是,我的名字头一次被老师写在了黑板上。那天的感觉真的很美很美,心情真的好高兴好高兴,完全忘却了那是一篇拼凑起的作文。

之后的第三天,老师把我叫到操场,边走边和我谈心,先是给我讲了一个故事:有一个人一直想成功,为此,他做过种种尝试,但到头来,都以失败告终。他非常苦恼,就跑去问他的父亲。他父亲是一个老船员,他意味深长地对儿子说:要想有船来,就必须修建自己的码头。儿子听了这话沉思良久。之后,他不再四处尝试,而是静下心来,好好读书。后来,他不但上了大学,而且成了令人羡慕的博士后,最后终成成功人士。讲完这个故事,厉老师看着我,轻轻拍了一下我的肩膀。那一刻,我感受到了从没有过的期望和信任。

从此我来劲了,除了上好课以外,我几乎把所有的课余时间都用在借书读书上,并且开始尝试写起了日记、读书笔记。慢慢地,我的作文水平一天天在提高。

上了初中,我的作文在班里已经名列前茅了。虽然厉老师不再教我了,但每当星期天、寒暑假,我总喜欢有事没事地到他家去,有时借些书看,有时请教一些作文方法。有一次,他问我投过稿子没有,我说没有。于是他让我大胆投稿,还教给了我投稿子的方法,给了我几个报刊社的地址。

回校后我兴致勃勃把自己平时最得意的几篇稿子投出去,可几个月过去了一篇也没发出来。我垂头丧气地告诉他这一情况,没想到他只是笑着说:"这很正常嘛,哪有那么容易成功的便宜事。别灰心,加把劲,再试试。"此后,我更加勤奋写作文,投稿的胆量也大了。功夫不负有心人。终于在初中毕业前夕,我的一篇写和厉老师交往的文章在一家国家级中学生作文刊物上发表了。

上了高中后,虽然功课紧了,但我仍然保持着课余写东西的习惯,并且加入了学校的文学社。高中毕业的时候,我已经发表了四五篇文章。

高中毕业后,我考取了一所师范专科学校,担任了校报编辑,并且开始了小小说、散文等文学体裁的创作。大学两年下来,虽然零零散散地在市级报刊发了几篇文章,但一直没有在正规文学刊物发表,更没有达到自己预设的目标,心里不免有些泄气。厉老师知道情况后,给我写了一封信,我记得他在信末写道:天上没有掉馅饼的事。永远都不要灰心,坚持下去,再试试。

厉老师的鼓励更加坚定了我业余写作的信心和勇气。每当遇到困难泄气的时候,我就想到厉老师,想到他送我的那本书。大学毕业走上教学岗位后,我一直坚持业余写作,特别是小小说这种文体的写作。先后写下了百余篇小小说及散文、诗歌等文学作品和千余篇新闻作品。其中有八十余篇小小说散文在各级报刊发表、获奖,并被吸收为市作家协会会员,被一些熟人戏称为"写家子"。更令我高兴的是,我教过的学生中先后有近百名学生发表过文章,有五六名学生还出了作品集。我的教学成绩多次名列全县前茅,被中国教育学会评为全国中学生校园文学社团优秀指导教师。

不久前,我回老家,顺便看望了厉老师。闲谈中扯起上小学时我那篇被他表扬过的作文,并如实道出了真相。让我吃惊的是,厉老师居然早就知道那篇作文是抄拼的。我问他为何不当时在班上揭穿我,然后重重地批评我。厉老师还是淡淡一笑说:"我那样做,那不就没有今天你这个作家了?那我岂不成了千古罪人了吗?"我心里一动,眼泪差点流出来了。我为此生能遇到这样的一位会教学的老师感到由衷的幸福和自豪。

临走的时候,我要厉老师给我写几句话。他说,写就免了,口头送你一句话,不过还是那句老话:天上没有掉馅饼的事。永远都不要灰心,坚持下去,再试试。"永远不要灰心,再试试。"这句话虽然朴实无华,但却包含着朴素的哲理。

它是厉老师送给我的最为宝贵的一句话,也是我人生中最大的一笔财富。我将永远牢记在心,并用它指引我今后的人生历程。我的人生将因之而更加亮丽、多彩。

与你共品

一句不经意的鼓励、一次善意的表扬、一个赞扬的肯定,都可能改变一个人的一生。文中老师"轻轻拍了一下我的肩膀",那一刻,作者感受到了从没有过的期望和信任。而这种期望和信任,对一个孩子所产生的影响,可能是那位老师都不曾料想到的。它将终其一生影响着作者。

"永远不要灰心,再试试。"这句话虽然朴实无华,但却包含着珍贵的哲理。

个性独悟
ge xing du wu

★文中的老师在知道作文是抄袭的以后,为什么没有在班上揭穿作者,也没有批评作者?

★文中的老师为什么会"轻轻拍了一下我"?

★作者在升入初中、高中以后,为什么还会一直和厉老师保持联系?

★你的老师曾经对你说过什么令你至今难忘的、充满鼓励和信任的话语吗?

快乐阅读
kuai le yue du

天上掉下什不闲 / ···刘心武

胡同口那小学原是个祠堂,据说是明朝奸宦魏忠贤的生祠——就是人还并没死,方媚的人就给他盖起祠堂供起牌位定时祭祀——那祠堂早经废弃多次转手拆建,算不得什么文物。最近小学要把里面最后一栋旧房拆了修筑新教室,拆房时出了件新鲜事,从那顶棚里,发现了一些不知是什么人在什么时候为什么搁进去的破旧杂物,其中有一个木架子,铁杆上穿了些孔,吊物的麻绳还在,所吊的物件里,仅剩一面破烂的小锣——怪不得曾有人说那屋子里常闹鬼,半夜会有锣响,现在可以推定是耗子跑过去时弄响的——那究竟是什么物事呢?大家议论纷纷,莫衷一是。后来有文物局的人来鉴定,说那是清末民初,唱什不闲的艺人用的锣鼓架。

川妹子浣蓉的公公曾老,那晚上不开电视,拉开了关于什不闲的话匣子。正好我去串门,浣蓉小两口也在座。曾老说,他小的时候,北京的曲艺相当繁荣,庙会里不用说了,就是一般市集茶馆里,也多有演出,数来宝、评书、相声、双簧、大鼓书、琴书、单弦、子弟书……都拥有大量的欣赏者,只是什不闲那时已不多见，偶尔也遇上过。记得那举起放下都很轻便的桁架上，挂着铙、鼓、钲、锣各一，唱时并不用来伴奏，而是在唱完每一段后，拉动绳索，那四样打击乐器便有节奏地响动起来，造成一种特殊的氛围……他问老伴可还记得那久远的韵味？大他3岁的老伴这回却不耳背，自豪地说："像你呢，那么健忘！"清清喉咙，竟哼出了几句："天坛游去板车牵，岳庙归来草帽偏，买得丰台红芍药，铜瓶留供小堂前……"浣蓉听了使劲拍巴掌，连说："真该恢复这种曲艺……"丈夫就跟她说："徐大爷玩'梧桐叩弹'，你说那是'胡同文化'的糟粕，残害了野生鸟类；其实这什不闲的唱词，大多从竹枝词变化而来，里头庸俗无聊的成分不少，我看过资料的！"小两口这边抬杠，老两口那边也争执上了，老曾非说老伴哼的那个腔不是什不闲，倒像是莲花落的调式……我望着他们，笑得心跟酥瓜似的。

　　究竟什不闲该怎么演唱？一时成了迷恋北京民俗文化群体议论的热点。这在只习惯于拿着遥控器泡电视的人们，或者只热衷于新潮的时髦文化的人们看来，着实可笑，但浣蓉说得好："有些文化确实会在时代潮流里衰落，但不应该任其消亡，好比现在绝大多数满族人都不会说满语读满文了，可是人类一定要保持一定——哪怕很小——数量的不管是哪一族的人，把这种独特的文化传承下去！什不闲就是不能再广泛流布，至少也总得有人能大体准确地把它唱出来，若是今后某些关于老北京的影视里能给它留些痕迹，那就更好了！"

　　据说有人去请了曲艺界的人士，结果怎么样我还不清楚。前两天正当一些感兴趣者聚在温教授家时，忽然有个才10多岁的小学生，跑来毛遂自荐，说是他能演唱一套什不闲！这可能吗？那男娃娃就说，他祖爷爷，住隔壁胡同九十多年了，小时候从安徽凤阳，跟着母亲讨饭，辗转来到北京，后来就专唱什不闲，那腔调是从凤阳花鼓变化过来，加进京腔京韵，渐渐成型的。他祖爷爷后来在北京进了前门外撷英番菜馆当学徒，三十年前从一家国营西餐馆退的休，现在身体还硬朗，打小教他唱京剧，这些天听说了什不闲的事儿，竟能回忆起当年一个三十二句的赞隆福寺庙会的段子，一句句地教会了他……

　　就在那天，一个稚气的嗓音里，传出了仿佛从天而降的什不闲音韵……

四

失落的音色

与你共品
yu ni gong pin

　　刘心武是当代作家,写实是创作的倾向。文章虽然只是写了"什不闲"的遗失,读罢此文后,我们掩卷而思,在我们经济快速发展的今天,是不是应当加大力度保护优秀民族文化遗产呢?

个性独悟
ge xing du wu

　　★纵观全文,题目为"天上掉下什不闲"有什么深刻含义?
　　★请概括写出什不闲这种物件的用法。
　　★请概括指出本文的写作目的?

快乐阅读
kuai le yue du

有种水果叫香蕉 / · · · 杨国华

　　"香——蕉"老史在课堂上读,学生们就跟着念,满屋子的"香蕉"声就这样划破了山村晨雾。学校是沂蒙山深处的一个破庙,老史是学校里唯一的教师,学生只有14个,却分属四个年级。
　　"老师,什么是香蕉?"一个孩子从石板叠起的"课桌"后面站起来,他举了手问这个问题。他的脸蛋儿冻得通红,猴子屁股似的。他还穿着开裆的棉裤,屁股蛋儿被板凳冰得生疼。
　　"香蕉是一种水果,可以吃。"老史回答。
　　"像咱村的山楂一样吗?是圆的吗?有山楂大吗?"孩子继续发问。村里只有山楂能够吃。

"大概是吧!"老史挠了挠头,头发上马上沾了些许白白的粉笔屑。

"老师吃过香蕉吗?"孩子不依不饶地问,另外 13 个孩子也瞪大眼睛看着老史。

"没……我也没吃过……"老史不光没吃过香蕉,也没见过香蕉。"连老师都没吃过。"孩子长叹一口气,很失望地坐到板凳上。

老史回到家中,问自己媳妇,家里还有多少钱。媳妇刚卖了鸡蛋,有 10 块钱,准备到集上打油吃。"拿来给我,吃过饭,我进一趟城。"

媳妇噘着嘴从裤腰里掏出了手绢儿,一层层打开,把一卷儿毛票儿不情愿地递给老史。

到城里有 60 多里路。老史步行到镇上坐汽车,要两块钱,老史心里很疼:媳妇得攒多少鸡蛋呢?但还是坐了。

到了城里,一下车,老史就在车站上打听,有卖香蕉的吗?正好旁边有卖水果的小贩,一听便乐了,真是土老冒,连摊子上黄灿灿的香蕉都不认识!他忙把老史叫过来,问老史买不?老史这才认得啥玩意儿叫香蕉:黄黄的,月牙般的,十几个像孩子一样挤着,真像学校里自己教的 14 个娃儿。老史想着想着便笑了。老史问多少钱一斤,小贩要一块五,少一分不卖。老史讲了半天价,也讲不下来,只好称了 4 斤。

老史看天还早,掏出怀里的玉米饼子,向小贩讨了一碗开水,蹲在车站里吃了。老史兜里还剩下两块钱,他舍不得花了,心想又不是不识路,干吗还要瞎花钱坐车?走着回去吧!省两块钱给媳妇买个头巾。他就去市场给媳妇买了头巾,便走着回家了。

冬天天黑得早,走到 40 里地的时候,天就渐渐黑了。还有十多里山路呢,老史很着急,不觉紧跑起来。等村里人掌灯吃饭的时候,老史才瞧见村里的灯火。山路曲曲折折,天又黑,老史一脚踩空,跌了一跤,头正磕在石头上,眼前一黑,就什么都不知道了。

老史醒来的时候,觉得头疼,睁开眼一看,媳妇正在油灯下哭,见他醒了,忙给他盖了盖被子。"香蕉呢?"老史忙问。"在这儿呢!你连命都不要啦!"媳妇心疼他。见香蕉好好的,老史就放心了,忙从怀里掏出头巾给媳妇。媳妇破涕为笑,把头巾蒙在头上对着镜子照,不一会儿又哭了……

第二天早上,老史还没起,一睁开眼,吓了一跳,14 个学生都站在床前,手里提着鸡蛋、红糖之类的东西。那个孩子哭着揉眼,"都怪我,老师。"老史把孩子叫到身边，用手给他把泪擦干，然后，从床头上把香蕉拿出来，一支一支地掰给学生，自己也拿了一支，笑着对孩子说："老师不知道怎么能教好学生，今天，你们都知道什么是香蕉了吧！来，一人一支，咱们一块儿吃。"

说完，老史便把香蕉塞进嘴里，学生们都打量手里那黄黄的、胖胖的、月牙儿一样的香蕉，学着老史的样子，把香蕉塞进嘴里。每个人嘴里都涩涩的，不好吃。老史对学生说大概香蕉就这味儿吧！你看，城里小贩多坑人！虽然不好吃，学生们都吃下了。孩子们眼里盈着泪，不知是不是涩的……

后来，那个提问的孩子走出了大山，考进了城里的学校；再后来，他又考进了一个更大的城市的一所大学。他早已知道香蕉是热带植物，是一种剥了皮才能吃的水果。他去了南方，在香蕉树底下照了一张照片，咧着嘴笑，头顶一挂硕大的香蕉。他把照片寄给了老史。

那个孩子就是我。

与你共品
yu ni gong pin

这篇文章语言平实，但却感人肺腑。一位普通的乡村教师，为了孩子们的成长，为了一串香蕉，竟不惜付出这么大的代价。他就像一轮红日，照亮着孩子们孜孜求索的光明大道。

个性独悟
ge xing du wu

★就着要来的开水吃自家带的玉米饼子，老史的这种做法展示了为人师者怎样的思想境界？

★老史吃香蕉的方法是错的，可学生们就这样连皮一起吃下去，而且是全都吃下去了，你能领会学生们此时的心情吗？

★长大成材的"我"特意给老史邮了张站在香蕉树下，头顶香蕉的照片，其中表达了怎样的情感？

快乐阅读
kuai le yue du

爱的回音壁 / ··· 毕淑敏

现今中年以下的夫妻,几乎都是一个孩子,关爱之心,大概达到中国有史以来的最高值。家的感情像个苹果,姐妹兄弟多了,就会分成好几瓣。若是千亩一苗,孩子在父母的乾坤里,便独步天下了。

在前所未有的爱意中浸泡的孩子,是否物有所值,感到莫大幸福?我好奇地问过。孩子们撇嘴说,不,没觉着谁爱我们。

我大惊,循循善诱道,你看,妈妈工作那么忙,还要给你洗衣做饭,爸爸在外面挣钱养家,多不容易!他们多么爱你们啊……

孩子很漠然地说,那算什么呀!谁让他们当了爸爸妈妈呢?也不能白当啊,他们应该的。我以后做了爸爸妈妈也会这样。这难道就是爱吗?爱也太平常了!

我震住了。一个不懂得爱的孩子,就像不会呼吸的鱼,出了家族的水箱,在干燥的社会上,他不爱人,也不自爱,必将焦渴而死。

可是,你怎样让由你一手哺育长大的孩子,懂得什么是爱呢?从他的眼睛接受第一缕光线时,已被无微不至的呵护包绕,早已对关照体贴熟视无睹。生物学上有一条规律,当某种物质过于浓烈时,感觉迅速迟钝麻痹。

如果把爱定位于关怀,随着孩子年龄的增长,对他的看顾渐次减少,孩子就会抱怨爱的衰减。"爱就是照料"这个简陋的命题,把许多成人和孩子一同领入误区。

寒霜陡降也能使人感悟幸福,比如父母离异或是早逝。但它是灾变的副产品,带着天力人力难违的僵冷。孩子虽然在追忆中,明白了什么是被爱,那却是一间正常人家不愿走进的课堂。

孩子降生人间，原应一手承接爱的乳汁，一手播撒爱的甘霖，爱是一本收支平衡的账簿。可惜从一开始，成人就间不容发地倾注了所有爱的储备，劈头盖脸砸下，把孩子的一只手塞得太满。全是收入，没有支出，爱沉淀着，淤积着，从神奇化为腐朽，反让孩子成了无法感知爱意的精神残疾。

我又问一群孩子，那你们什么时候感到别人是爱你的呢？

没指望得到像样的回答。一个成人都争执不休的问题，孩子能懂多少？比如你问一位热恋中的女人，何时感受被男友所爱？回答一定光怪陆离。

没想到孩子的答案晴朗坚定。

我帮妈妈买醋来着。她看我没打了瓶子，也没洒了醋，就说，闺女能帮妈干活了……我特高兴，从那会儿，我知道她是爱我的。翘翘辫女孩说。

我爸下班回来，我给他倒了一杯水，因为我们刚在幼儿园里学了一首歌，词里说的是给妈妈倒水，可我妈还没回来呢，我就先给我爸倒了。我爸只说了一句，好儿子……就流泪了。从那次起，我知道他是爱我的。光头小男孩说。

我给我奶奶耳朵上夹了一朵花，要是别人，她才不让呢，马上就得揪下来。可我插的，她一直带着，见着人就说，看，这是我孙女打扮我呢……我知道她最爱我了……另一个女孩说。

我大大地惊异了。讶然这些事的碎小和孩子铁的逻辑。更感动他们谈论时的郑重神气和结论的斩钉截铁。爱与被爱高度简化了，统一了。孩子在被他人需要时，感觉到了一个幼小生命的意义。成人注视并强调了这种价值，他们就感悟到深深的爱意，在尝试给予的同时，他们懂得了什么是接受。爱是一面辽阔光滑的回音壁，微小的爱意反复回响着，折射着，变成巨大的轰鸣。当付出的爱被隆重接受并珍藏时，孩子终于强烈地感觉到了被爱的尊贵与神圣。

被太多的爱压得麻木，腾不出左手的孩子，只得用右手，完成给予和领悟爱的双重任务。

天下的父母，如果你爱孩子，一定让他从力所能及的时候，开始爱你和周围的人。这绝非成人的自私，而是为孩子一世着想的远见。不要抱怨孩子天生无爱，爱与被爱是铁杵成针百年树人的本领，就像走路一样，需反复练习，才会举步如飞。

如果把孩子在无边无际的爱里泡得口眼翻白，早早剥夺了他感知爱的能力，育出一个爱的低能儿，即使不算弥天大错，也是成人权力的滥施，或许要遭天谴的。

把书读到寂静的程度

在爱中领略被爱,会有加倍的丰收。孩子渐渐长大,一个爱自己爱世界爱人类也爱自然的青年,便喷薄欲出了。

 与你共品
yu ni gong pin

　　有位作家说,民族间的较量就是母亲的较量。而母亲怎样去爱自己的孩子就显得尤为重要,她的影响将弥漫于人的一生。品读作家毕淑敏的《爱的回音壁》,愈发觉得"爱"字的沉重,"爱"字的不易。如何爱自己的孩子,如何让孩子在爱中领略被爱,学会去爱,这一深刻的社会问题不得不让我们随着作家一同思考。

 个性独悟
ge xing du wu

　　★被爱是一种幸福,当作者问及那些"在前所未有的爱意中浸泡的孩子"是否感觉到这种莫大的幸福时,孩子居然"漠然",回答"不,没觉着谁爱我们"。其中,"漠然"一词是什么意思,它给你以怎样的触动?

　　★作者说"一个不懂得爱的孩子,就像不会呼吸的鱼",对此,你是怎么理解的?

　　★爱的神奇之处在于能让一切都变得美好,所以,作者说"在爱中领略被爱,会有加倍的丰收"。读后,你从中感悟到什么了呢?

　　★读罢此文,你觉得这其中隐含着作者怎样的担忧?

完美人生 /···[美]梦 苑

有个台湾医生,在家门口附近开了一所私人医院。因为他医术高超、勤恳努力,到了不惑之年已是腰缠数千贯,来往皆名流。他家雕梁画栋,笑声盈耳,门前时常车水马龙。他有一个儿子三个女儿,出落得该眉清目朗的眉清目朗,该婷婷如花的婷婷如花。医生有个习惯,晚饭后散步,必定和独子、并且只和独子广谈人生。他指点了江山,又指点了自己盛名在外的医院,语重心长:儿啊,你要壮志在胸,切不可耽误。今天映在我头上的晚霞,就是明天照在你头上的朝阳。你的完美人生,我已经给你画好了蓝图:进最好的学校,然后进最好的医学院,再然后到国外读书,回来以后当第一流的医生!

这样的散步,从儿子小学散步到中学毕业,果真功效非凡。儿子不仅听话乖顺,从不打弹弓扔石子,而且的确聪明过人,一直没有让家人尝过第三名的耻辱。进了全台湾最好的医学院以后,他更是面目粲然加彬彬有礼,孜孜不倦加捷报频频,交往的都是未来俊杰。

可是大学期间出现了服兵役难题。服役一年,本不应是天崩地裂,可是对于被儿子未来的绚丽映得满眼通红的爸爸来说,认定是一件重大损失。他仓促奔跑,频频拜见,不过还是丧气而归。

儿子出门上小岛服役的时候,医生已经断然想通:就算完美人生中减去一年吧。他送儿送到十里长亭,殷殷叮咛:儿啊,下了操一定要找个墙角苦背英文单词哪!

儿子走了的那一年,日子比一个世纪还长,医生给人看病的时候,甚至精力有些不能集中。但是岁月毕竟如流水,看似不动实在淌,转眼就逼近了期满的时限。突然有一天,有人策马加鞭送来了一个晴天霹雳:医生的儿子不幸在军营身亡。

身亡的事情一直是个谜。军营上上下下地调查,只查出一次小小的口角。换了别人,睡一觉不忘,睡三觉就忘啦。可是医生的儿子,偏偏眼睛盯着这件小事,忘记了远大前程,他一时隐忍不下,愤然举枪自饮。

把书读到寂静的程度

医生如何受得了这样的打击！他于是更加仓促奔跑，愤愤拜见，非要查出"迫害"的线索。整整几年，他业务荒疏，服务下降，钱囊也日渐干瘪。他自己，更是销魂落魄，眼神黯黄，皮肤突起皱褶。终于有一日，他不得已把医院的招牌摘了下来，家门前的罗雀景致，他也无心理会了。又一年的冬天，郁闷已久的医生在家突发雷霆，砸碎了珍贵的玻璃柜。老伴颤颤地将碎物拾到房外，可是转眼却被反锁在外。老伴顿觉不妙，奋力砸门，但是为时已晚矣，只见火光如柱，又闻惨叫人声……

这是十年前发生的真实故事。可是细想起来，难道这样的事，不是还在悄悄地酝酿、发酵、升温，时时有可能重演？

美国曾有一项民意调查："你愿不愿意用克隆的方法获得一个完美无缺的孩子？"这是针对克隆出现以后，人们幻想"完美人生"的美梦成真而进行的。面貌如西施，身材胜梦露，智商比牛顿，投篮赛乔丹，如果政策容许，造出完美无缺的生命来，并不是技术上不可突破的事。

民意调查的结果是，只有 6% 的极少部分人欣然应允，76% 的人则毫不动心："我不要破坏自然。"有对夫妇回答："我们领养了四个孩子，他们来自不同的肤色和家庭背景。不要说'完美'，他们相貌上、智力上都和完美有太大的距离。其中两个孩子，因为智力的障碍，需要长期耐心地辅导。但是，要是有人用完美的克隆儿和我们的孩子交换，我们只有一个回答：'不！'"

接受"不完美"，如同接受不同的色彩。有不同的色彩，才有可能拥有多彩的人生。而且，生活中的几个"不完美"斑点，正是让人谦卑、同情和珍惜的原因。

想想看，要是医生的儿子并不聪敏过人，又不幸天性调皮捣蛋、忤逆难管，哪天医生要是遇上某个病人，那人或因儿女不顺操心过度，或因自己的旅途艰难险阻，从而得了高血压或是肺气肿，医生肯定会生出深切的同情和感慨。他为人治病的同时，也会传递理解的温暖。

如同生过病的人，才会对生命产生一种特别的敬意。

与你共品
yu ni gong pin

看完这个真实的故事，会让人心头沉甸甸的。一朵温室培育的鲜

花就这样谜一般地凋谢了。它应留给人们深深的思考，在对孩子的教育中，不能只让他们单一地学习文化知识，更应该培养他们能与人相处、融入社会的能力以及面对艰难困苦的顽强意志，而自以为是地为他们设计的完美人生，到头来可能是一场令人无法承受的悲剧。

 个性独悟

ge xing du wu

★"今天映在我头上的晚霞，就是明天照在你头上的朝阳。"如何理解医生父亲对儿子说的这句话的含义？

★哪句话能表明医生父亲对在外儿子的牵挂担忧之情？

★美国的这项民意调查的结果表明了美国民众怎样的想法？

作文链接

zuo wen lian jie

 震撼的心 / · · · 李正立

卷子发下来了，同时也震撼了我的心。为什么每次考试成绩都这样跌宕起伏？就像一本精彩的推理小说，才出龙潭又入虎穴，眼前始终有一堵墙。

才第二节课，户外的天空早已"黑云翻墨"，充满了阴沉沉的压抑感，眼看就要"哭"出声来。我望着天空，身边的同桌传来一声叹息。转过头，四目相望，一层雾气，眼里充斥着"同是天涯沦落人"的悲凉。周围一阵阵刺耳的笑声震颤着我的心。"笑什么？又不是吃了开心果。"我愤愤地低语。

"排队！"哪个家伙这么有力气，忽然想起今天最后一节课要去大礼堂开会。礼堂大而宽敞，刺目的灯光与外面阴郁的天气形成强烈的对比。我坐在最后一排，整个身子嵌在扶手里，半卧半坐，仰面朝天，眼睛半睁半闭，这里环境

挺适合我。两个大喇叭大叫,恍惚间台上传来了一阵高亢的声音:"立达奖学金颁奖典礼现在开始……"接着是一串名字,我的心再一次被震撼,而随之而来的精神"虐待"更让我坐立不安。掌声开始如潮涌动。"你副科成绩再高一点就能得三等奖。"一个男中音隐约在耳边飘响,噢!是上学期的班主任!"是啊,是啊。"我一边应对,一边机械地拍手。

掌声如砖头砌墙,太高了,也就忽然停止了。"同学们,让我们以热烈的掌声欢迎'心连心'艺术团来我校演出。"

随着音乐声,舞台拉开了帷幕。主持人介绍演员,有的耳聋,有的失明,有的肢体残缺,估计他们只会唱唱歌。我正准备闭目养神,忽然一阵清新悦耳的歌声传来,优美、绰约的舞姿跃入我的眼帘,我浑身一颤,啊!这是残疾人吗?他们精湛的表演忽然唤回了我的精神。他们聋了,但他们的音调比谁都激昂、高亢而深情,充满着对青春、对幸福、对美好未来无限的憧憬和坚定的信心;他们哑了,但他们的舞姿比谁都齐整、都烂漫、都娴熟、都尽心。他们的腿不是很灵巧,却跳得极富节奏;他们手不行,脚写的字却比健康人用手写得还要好。他们失去了肢体的一部分,却能完美地在心灵中保持平衡。礼堂沸腾了,全校千名师生,还有为孩子送雨具的家长们都目不转睛地注视着舞台,和着节奏为演员打拍子。

我震撼了,我不能相信我的眼睛。他们,那些令人叹服的演员们,他们的才能,他们视困难如草芥的精神深深打动了我灰暗的心灵,一股莫名的力量流遍全身。

出了礼堂,天终于下起了雨,同学们惊慌地向教室跑。我却毅然慢走,任风雨洗涤我充满灰尘的心灵,整理一下我烦乱的思绪。"千淘万洗虽辛苦,吹尽黄沙始到金。"

【简 评】

本文作者巧妙地将考试失败的心理感受和观看"心连心"艺术团的表演紧密联系在一起,较之写失败后父母激励等的"大众菜谱"显然技高一筹。关注生活,写亲身体验,是该文出色的第一亮点。其二,文章避免了许多空洞而熟悉的论调,如:"……都目不转睛地注视着舞台,和着节奏为演员打拍子""一股莫名的力量流遍全身"等描写给人许多想象空间,引人回味。其三,语言运用细腻,充满个性,不落俗套。

本剧没有结束/···袁子微

序　幕

夜,万籁无声。初三学生公寓里只有走廊上15瓦的灯泡似睡非睡。蓦然,起床铃响起,学生们纷纷惊醒。唧唧咕咕、吵吵嚷嚷,叮叮当当、跌跌撞撞。在上述背景上推出片名——《本剧没有结束》。依次推出编剧、导演等名单。

第一集

政治课——背。

政治老师一向金口难开,便用频率最高的就是一个字——背!

背——生产劳动、劳动生产;背,背——生产力、生产关系;背,背,背——第一次科技革命、第二次科技革命、第三次科技革命;背,背,背,背——市场经济、计划经济、集体经济、私营经济;背,背,背,背,背——原始社会、奴隶社会、封建社会、资本主义社会、社会主义社会……

第二集

英语课——读。

fridge(电冰箱)、computer(电脑)、telephone(电话)、television(电视机)——读单词嗡嗡嘤嘤。

Here are some important inventions (这儿有一些重要的发明),Something is wrong with my watch(我的表出了毛病),I would most to own a car(我最想拥有一辆小车)——读句子咿咿呀呀。

随后是断断续续:What's your name?(你叫什么?)——阿嚏! ——How old are

you?(你多大)——哈欠……What can I do for you?(能帮你什么?)——阿嚏……

　　然后花样翻新——It′s time for breakfast. (早餐时间到了。)

I′m hungry. (我饿了。)

I want to have porridge. (我想吃稀饭。)

Noodles are delicious. (面条很可口)……

<h2 style="text-align:center">第三集</h2>

数学课——算。

年年岁岁题相似，岁岁年年人不同。请看数学老师今天开出的运算清单——

　　一元二次方程、一元一次方程根与系数的关系、可化为一元二次方程的分式方程和无理方程、由一元二次方程和一个二元二次方程组成的方程组、由一个二元二次方程和一个可分为两个二元一次方程组成的方程组……

<h2 style="text-align:center">第四集</h2>

化学课——做。

　　可别认为是做实验,这称的"做"专指做那些被化学老师圈定的"题海"。

$Zn+H_2SO_4 = ZnSO_4+H_2\uparrow$

$Cu(OH)_2 \xrightarrow{\triangle} CuO+H_2O$

$2H_2O \xrightarrow{通电} 2H_2\uparrow +O_2\uparrow$

$CuO+H_2 \xrightarrow{\triangle} Cu+H_2O$

$CaCO_3 \xrightarrow{高温} CaO+CO_2\uparrow$

……

<h2 style="text-align:center">第五集</h2>

物理课——查。

下面是物理老师昨天布置今天要检查的作业:

　　《教材》P67~P77 是基础题,《练习册》P120 第 1、2、3、4、5、6、7、8、9 题是巩固题,《课外作业》P135 练习一至练习八是补充题,《学王一施三》P48~P78 是综合题,县编资料 P15、P25、P35、P45、P55 是提高题,市编资料 P3 第 4 题、P4 第 5 题,P5 第 6 题是坡度题、边缘题、中考压轴题……

第六集

语文课——考。

语文老师有句烦人的句言:胆子是练出来的,分数是考上去的。

生字注音、生词默写——天天考;造句、仿句、修改病句——周周考;表现手法、修辞手法、构思手法——月月考;课内语段、课外语段——次次考;大作文、小作文——回回考……

考考考——老师,您还有什么新法宝?

尾 声

夜晚 11 点,也许 12 点,疲惫的初三学生迷迷糊糊走进学生公寓。欲知后事如何,明日从头开始。

【简 评】

从"一个字"抓住"一个点",从"一个点"延伸出一个"论据",本文构思新颖,想象丰富,行文别具一格。现实生活加上艺术夸张,生动演绎了一出中学生活轻喜剧。

考 试／···张之路

一场对宿小羽来说十分重要的考试来临了。这次考试的前三名将参加全市的中学生物理竞赛。宿小羽发了狠,他早晨 5 点起床,拼命地做习题,他许威武不是说,这次题难得很吗?不是说及格就不错吗?及格算什么!我要拿 100 分给你看看!

临近傍晚时分,宿小羽吃完饭,从家里走出来,在大街上闲逛,这时,有人轻轻地碰了一下他的肩膀。那是另一个班的同学。

"听说,明天物理考试卷子就在二楼办公室里。"

"走!上学校去!"

"管他呢!"

"不去看看吗?"

宿小羽心中一动,一种奇怪的念头从宿小羽的脚跟开始升上了他的全身和大脑。强烈的虚荣和好胜心在他的心中燃烧起来,他突然产生了一种想看看卷子的愿望。

半个小时之后,宿小羽一个人来到教学楼的门前,看门的老头正在听收音机,好像是南腔北调大汇唱。

宿小羽悄悄溜进门去,来到了二楼办公室。

抽屉终于拉开了,里面空荡荡,只有一袋开了口的烟丝和一支废弃不用的烟斗。宿小羽后悔了,他飞快地关上抽屉。有一种终止犯罪的感觉。就在这时,慌乱中,他碰倒了一把椅子。当他扶起椅子时,楼道里传来急促的脚步声。他听见传达室的老孙头正在高喊:"谁?谁在上面?"宿小羽夺门而出。传达室的老孙头已经跑步踏上了楼梯。他的左手拿着手电筒,右手是一只临时抄起的火筷子,宿小羽拼命朝着那段防火用的铁梯跑去。忽然,男厕所旁边的那扇小门开了,一个瘦小的影子走了出来,宿小羽惊呆了,那是许威武!

宿小羽的脑子里出现了一片空白。

楼梯上传来了伴着气喘吁吁的老孙头的脚步声。

"是宿小羽吧?"许威武开口了。

"是我,许老师!"

"是来找我的吗?"

"……"

老孙头从楼梯上蹿了上来:"许老师,抓住他!"

宿小羽闭上眼睛,他不愿意想以后发生的事情。

许威武说:"是我找他来的!"

宿小羽慢慢地走进那间小屋,木然地坐在椅子上,他准备心悦诚服地接受许威武的询问和任何狂暴的训斥。他准备说实话,不说,他觉得对不起刚才许威武的搭救之恩。

许威武没有说话,他用自制的卷烟机开始卷烟。他把一支卷好的烟拿在手里,反复地修饰,又放进卷烟机。揉呀!揉呀!宿小羽忍不住了:"老师,我回去了……"

"不忙,你还没看明天的试卷呢!"许威武站起身从床上拿起一张试卷,递给宿小羽。

这一瞬间,宿小羽对许威武的感激和好感顿时消失了。他想把卷子撕了,他想把门一摔就跑出去。但,这都不能表达他愤怒的心情。宿小羽像接受挑战一样接过了试卷。他发现在许威武的眼睛里燃起了两点儿灼人的小火苗。

那是一张铅印的、细长的、油光纸的试卷,一共两张。

许威武手中的烟点燃了,随着缕缕的青烟,小屋里弥漫着一股浓郁的香气。

宿小羽咬着牙,也看清了,他看见那盼望已久的东西,一切都变得那样简单那样透明,像白开水一样无色无味。一瞬间,宿小羽忽然感到一种茫然的情绪袭上了心头,他发现他的追求变得毫无意义了。他那梦寐以求的东西变得一钱不值了。

他惶惑地抬起头,这会儿他突然发现许威武眼中的火苗变了,变得是如此的温暖与和蔼,是如此的慈祥与庄严。宿小羽心中产生一种异样的感觉,他觉得心底突然变得辽阔起来。开阔得可以容下大海。

许威武眼中的火苗消失了,他的脚下堆满了烟头。

"看完了吗?"许威武说。

"看完了!"

"记住了吗?"

"记住了!"

第二天,当许威武收上卷来的时候,发现了一张一字没写的白卷。自然,那是宿小羽的。许威武郑重地在分数栏里填写了"0"分。

炎热的夏天来了,毕业考试结束了。宿小羽六门功课全都得了 100 分,这是建校以来的奇闻。

当高考报名闹得学校沸沸扬扬的时候,宿小羽的班主任急匆匆地找到许威武:"真是太可惜了,宿小羽居然不报考大学,到一个书画社学什么艺术篆刻去了……真是太可惜了……"

许威武点起了一支烟,深深地吸了一口,慢慢地说:"也不见得……"

【简 评】

人的一生,从小到大,要经历无数次的考试,在心灵与身体、真挚与伪善的面前,你会做出怎样的抉择呢?

本文感受真实,叙写、抒情生动逼真,语言朴实、自然、流畅。作者以独特的视角,反映出了教育的一个侧面。

爱

给孩子一些阳光

一个微笑，可以温暖一颗封冻的心。一句话，可以改变一个人的一生。

　　一行人在沙漠中考察,迷失了方向,被撂在了茫茫沙漠中,干粮没有了,水也没有了。一位老队员临死时把剩下的人召到一起,留给他们一个满满的水壶。对他们说:"我是不行了,这壶水你们带上,记住,不找到新水源,这壶水千万别打开。"

　　剩下的队员背着壶去找水,终于坚持到了那个时刻,他们打开了一直带在身上的那壶水。

　　结果,倒出来的全是沙子。

五

多给孩子一些阳光

理想的学校/···王 涵

让我把那砖土垒成的校舍变为培育崇高思想的场所,
让我热情的火焰温暖它那简陋的教室和清寒的走廊。

——[智利]米斯特拉

一

理想的学校是什么样?

16世纪西班牙一位教育家说,理想的学校"是品学兼优的人们的一个学社和协调的组织,他们集合起来,对所有为了学问到那去的人给予同样的祝福"。

这说法似是,又非。

孔子和苏格拉底办的学校大概有点像:夫子坐而论道,弟子虚心向学。孔子和子路、颜回,苏格拉底和柏拉图,名师高徒,一同沐浴在知识的光辉下,春风化雨,其乐融融。

"得天下英才而教之",诚然为人生一大乐趣,不过这种乐趣,是建立在对更多的普通孩子排斥的基础上的。

二

长期担任清华大学校长的梅贻琦先生有一句名言:"大学者,非谓有大楼之谓也,有大师之谓也。"此语极有见地,惜乎现在大楼多了,大师少了。

何谓大师?

闻一多讲《楚辞》,每当华灯初上,必微醺而入,高吟:"士无事,痛饮酒,熟读《离骚》,方可为真名士!"接着,边朗诵,边讲解,击节悲歌,热泪纵横。其时正值日寇入侵,大好河山哀鸿遍野。闻先生的长歌孤愤,带给学生的,岂止限于"学问"二字!

　　昆明国立西南联合大学旧址保留着一间铁皮为顶、有窗无玻璃的平房,这种低矮颓败的平房就是当年西南联大的教室。林徽因说,当初建这些房子时,甚至"最后不得不为争取每一块木板、每一块砖,乃至每根钉子而奋斗"。今天的人们似乎很难理解,从这些不能遮蔽风雨的平房中,怎么会走出那么多卓有建树的英才?答案只有一个,因为这里荟萃着像陈寅恪、朱自清、冯友兰、闻一多、钱钟书、梁思成、王竹溪、钱伟长、周培源这样的一大批学术大师。

<h1 style="text-align:center">三</h1>

　　黑柳彻子是日本著名的电视主持人,小时候,却因为上课总是不能安静下来而被学校退学。后来,她被送到一所特殊的学校,正是这所学校,成为她迈向成功之路的起点。

　　学校的名字起得很有意思,叫"巴士学园",因为学校的教室就是六辆废旧的电车。学校里面有很多奇怪的规矩,比如:每天都可以选择自己喜欢坐的位子;上课可以从自己最喜欢的课程开始;上学要求穿最不好的衣服,这样就可以自由自在地在铁丝网上爬来爬去了。不安分的豆豆(彻子的昵称)一下子就喜欢上了这所学校,甚至连做梦都想着去上学。当然,在这里,变化最大的是她对学习的态度。因为学习完全成为了一种乐趣。

　　黑柳彻子后来将她在这所学校里的经历写成了一本书,书名就叫《窗口边的豆豆》。读过这本书的人,大都会爱不释手。

　　什么叫"有教无类"?什么叫"创造适合孩子的教育"?发生在巴士学园中的故事是很好的例证。

　　1921 年,英国教育家尼尔在英格兰萨福克郡创办的萨默希尔学校与巴士学园有惊人的相似之处,尼尔称这种具有自由观念的学校为世界上最快乐的学校,因为这里没有学生逃学,甚至没有学生想家。

　　尼尔认为,一所使活跃的儿童坐在课桌边学习几乎全部无用的功课的学校是一所坏学校。

　　但是,家长们却没有信心接受这种随心所欲的学校,他们称它是"疯人院"。

四

有人群的地方就会存在差异,学校也是一样。不同的家庭背景,不同的文化基础，不同的个性特征……这些都足以使学校教育呈现出无限丰富的多样性。一个教师能够尽可能使自己的教学设计趋向于完善,但是,他却永远无法想象出,在新的一天中,他的学生会出现哪些新的问题、新的困惑。

差异能够导致歧视,歧视又引发出对立。教师和学生因为彼此不能适应而相互抵触、厌倦的情形每一天都发生在校园生活中。从这个意义上说,一所成功的学校,就是能够成功化解、消除这种对立情绪的地方。原辅仁大学校长陈垣先生说过,老师站在讲台上,和学生"脸是对立的,但感情不能对立",他还说:"不好的学生,包括淘气或成绩不好的,都要尽力找他们一小点儿好处,加以夸奖。"

一小点儿好处——哪个孩子身上没有呢? 在美国,曾经有一个被老师们公认为品学兼差的黑人孩子举着一个橘子说:"这个橘子像我，因为它的外皮坚硬,我就是外边硬,当你向里看这个橘子时,它又好又甜,我也是里边又好又甜。"

这个孩子或许是天才,但他缺少的是被发现。

对于教育者而言,学会宽容是一种美德,而如果这种宽容发自内心,就是一种博大。在这种博大的阳光照耀下,任何种子都会萌发出生机。

 与你共品
yu ni gong pin

理想的学校是什么样的,其实人人心中都有标准。现在的理想学校的标准"大楼"已不是什么问题了,那么剩下的种类无外乎,得天下英才而教之,拥有大师级教师而教之,得品学兼差或退学者或平庸者而向培养成英才方向努力而教之。第一种的成才率毋庸多述,第二种的成才率也很高,第三种的成才率恐怕是凤毛麟角了,黑柳彻子将是特例,或者说电视主持人的成功是有其多元因素的。什么是理想的学校人人清楚,但是你能接受哪种学校的教育是要有条件的,但是不管是哪种学校都应该"创造适合孩子的教育",所以孩子有孔子的教法,

"巴士学园"也有其自身的教法。

文章段落清楚，或引经据典，或用实例为证，古今中外无所不包。读过全文之后，你再回过头来再重读一遍开篇引自智利的米斯特拉的话，其实他的话就是理想的学校。

个性独悟
ge xing du wu

★"孔子和苏格拉底办的学校大概有点像"，"像"的是什么？"坐而论道"是什么意思？用文中的哪句话能够概括孔子和苏格拉底办的教育？

★闻一多是大师，怎样理解闻一多的"必微醺而入"，"士无事，痛饮酒"？闻先生带给学生的除"学问"二字外还有什么？

★按照文中所提供的事例，为什么说西班牙教育家关于理想的学校"是品学兼优的人们的一个学社和协调的组织，他们集合起来，对所有为了学问到那去的人给予同样的祝福"这个说法似是又非呢？

多给孩子一些阳光

阴影与阳光 / ··· 徐慧芬

　　14岁的中学生小蒙觉得自己这几天倒霉透了。

　　前天,因为出黑板报的缘故,他是最后一个离校的学生。黑板报出到一半,突然他想看看高年级的黑板报出得怎么样,取取经。但是人家教室的门已经锁上了。于是他从自己教室里搬来了一张凳子。人站在凳子上,高了。这样他就可以通过墙上的气窗,看到了人家教室里的黑板报。

　　正在他脸贴玻璃,专心张望的时候值班老师走了过来,有点狐疑地问了他一番后,就要赶他快回家。

　　巧的是,这天夜里,这一层的办公室遭窃。所有老师的抽屉都被翻动,连零星小钱也都被搜走。

　　这样,作为最后一个离校,又有点儿古怪行动的学生,就有理由被唤到教务处谈话。虽然班主任和熟悉他的任课老师全部担保他是个品学兼优的好学生,但是从教务处出来的小蒙仍忍不住回家掉了眼泪,<u>因为班上竟有不明真相的同学,用一种陌生的眼光打量他,包括和他挺好的同学。</u>

　　今天的事更是倒霉了。现在他向妈妈哭诉今天的遭遇。

　　放学回家途经一个专卖复习参考资料的书屋,买了两本书后,刚准备跨上自行车时,迎面一辆卡车上突然滚下来一只大纸箱,纸箱破了,里面的儿童玩具散落一地。待车上司机发现,将车停下来时,周围已有人趁机捡了便宜溜走了。他看司机挺急,就帮着司机把玩具一一捡回装进箱子里。好事做完后,他的自行车却不见了！那是才买了不久的新车啊！

"好心没好报！小偷太坏了！呜呜呜……"小蒙边说边哭，眼泪越流越多。

"哭什么？哭了车子能回来吗？傻瓜！以后一定要接受教训。俗话说，各人自扫门前雪，莫管他人瓦上霜，是有一定道理的。妈妈不是要你做个自私的人，问题是现在风气坏，人心不古，所以要学会保护自己，不要多管闲事，免得招惹是非……"小蒙的妈妈唠唠叨叨边劝边教训儿子。

"你在培养儿子朝自私发展吗？"小蒙的爸爸从外面踏进门，听到了妻子的话，打趣道。

"你倒还有精神说笑话，你儿子前天为班级做事，被人疑心当贼，今天做好事，被贼偷了车！"小蒙的妈妈把儿子今天的遭遇愤愤然说给了丈夫，一旁的小蒙哭得更厉害了。

"噢，是这样，儿子，你的运气确实太坏了！爸爸今天的运气倒有点好。刚才，碰上了一个大好人。你知道的，我是去那家摄影社取照片的，取完照片，回来路上觉得今天天挺热的，正好有个人用自行车推着两袋西瓜在卖。我挑了一只，过了秤，正好 10 元钱，我付了钱，骑上车走了。

"骑了大约 20 米，忽听背后有人在叫。我回头一看，那个卖西瓜的骑着沉重的车子朝我追来，一边招手，一边叫我停。我停了车，才知道原来我是错将百元大钞当成 10 元票给了他，他是来追还我 90 元钱的！"

"儿子，你想想看，他完全可以不管这件事，要还，等我找上来，也不迟；他也完全可以赖掉，因为我没有凭证；他还可以发现此事后马上溜走，那就不会引起任何纠葛。现在他却冒着烈日，踩着笨重的车子一路追来，为什么要这么做呢？是他的良心！是他做人的道德！你看这世上谁说没有好人！要不，今天这个瓜就太贵了！"

父亲拍了拍刚买来的西瓜，又拍了拍儿子的头，边叙边议。儿子停止了抽泣，听得很专注。

不错，小蒙的爸爸是在取了照片回来的路上买了西瓜，但是，关于 10 元与 100 元的故事，是他的虚构。作家与父亲的双重责任，让他编了个美丽的故事。他深深懂得，此刻，这个 14 岁少年的心里，太需要阳光。

多给孩子一些阳光

与你共品
yu ni gong pin

　　在我们的生活中,有许多不尽如人意的事,有虚伪、有丑恶、有奸邪。有时,一片真诚反而遭遇虚伪,满腔热情反而遭遇冷漠。这时,我们应该怎么办?阅读此文后,会在你迷惘的心洒下一片光明。在生活中,任何力量也不能阻止我们对真善美的追求,在生命的历程中,更应努力做一轮太阳,照亮自己也照亮他人。

个性独悟
ge xing du wu

　　★画线句中的"竟"能否删去?为什么?
　　★"他深深懂得,此刻,这个14岁少年的心里,太需要阳光"一句是什么意思?
　　★请设想一下,如果小蒙的爸爸讲述的故事是真的而不是虚构的,文章效果会有什么不同?

快乐阅读
kuai le yue du

一位母亲与家长会 / · · · 刘燕敏

孩子上学了,作为妈妈,哪个不希望听到来自学校的好消息。然而,每次家长会,都令她失望,因为人家都有一个聪明乖顺的孩子,而她的孩子却愚顽不化。

第一次参加家长会,幼儿园的老师说:"你的儿子有多动症,在板凳上连3分钟都坐不了,你最好带他去医院看一看。"

回家的路上,儿子问她老师都说了些什么?她鼻子一酸,差点儿流下泪来。因为全班30位小朋友,唯有他表现最差;唯有对他,老师表现出不屑。然而,她还是告诉了她的儿子。

"老师表扬你了,说宝宝原来在板凳上坐不了一分钟,现在能坐3分钟了。其他的妈妈都非常羡慕妈妈,因为全班只有宝宝进步了。"

那天晚上,她儿子破天荒地吃了两碗米饭,并且没让她喂。

儿子上小学了。家长会上,老师说:"全班50名同学,这次数学考试,你儿子排第49名。我们怀疑他智力上有些障碍,您最好能带他去医院查一查。"

回去的路上,她流下了泪。然而,当回到家里,对坐在桌前的儿子说:"老师对你充满信心。他说了,你并不是个笨孩子,只要能细心些,会超过你的同桌,这次你的同桌排在第21名。"

说这话时,她发现儿子黯淡的眼神一下子充满了光,沮丧的脸也一下子舒展开来。她甚至还发现,儿子温顺得让她吃惊,好像长大了许多。第二天上学时,去得比平时都要早。

五

多给孩子一些阳光

孩子上了初中，又一次家长会。她坐在儿子的座位上，等着老师点她儿子的名字，因为每次家长会，她儿子的名字在差生的行列中总是被点到。然而，这次却出乎她的预料，直到结束，都没听到。她有些不习惯。临别，去问老师，老师告诉她："按你儿子现在的成绩，考重点高中有点儿危险。"

她怀着惊喜的心情走出校门口，此时她发现儿子在等她。路上她扶着儿子的肩膀，心里有一种说不出的甜蜜，她告诉儿子："班主任对你非常满意，他说了，只要你努力，很有希望考上重点高中。"

高中毕业了。一个第一批大学通知书下达的日子。学校打电话让她儿子到学校去一趟。她有一种预感，她儿子被清华录取了，因为在报考时，她给儿子说过，她相信他能考取这所学校。

她儿子从学校回来，把一封印有清华大学招生办公室的特快专递交到她的手里，突然转身跑到自己房间里大哭起来。边哭边说："妈妈，我一直都知道我不是个聪明的孩子，是您……"

这时，她悲喜交加，再也按捺不住十几年来凝聚在心中的泪水，任它打在手中的信封上。

 与你共品
yu ni gong pin

从幼儿园到上大学这十几年的时间，孩子最重要的生活空间就是学校和家庭。孩子的母亲在十几年的时间里，为了孩子的成长，她每次都把老师的批评、指责化作表扬、鼓励。就是在她的激励下，一位本不被学校看好的孩子成长为了一位出类拔萃的优等生。我们最为常见的家庭教育使用的都是批评的武器，但在这篇文章中，母亲正好相反，她对孩子的教育是鼓励再鼓励。

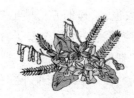

个性独悟
ge xing du wu

★ "回去的路上，她流下了泪。""她"为什么会流泪？试作一段心理描写，表明这位母亲开完家长会后在回家的路上复杂的心情。

★ 初中的老师告诉这位母亲："按你儿子现在的成绩，考重点高中有点危险。"而她却对儿子说："只要你努力，很有希望考上重点高中。""有点危险"和"很有希望"这两种说法的区别在哪里？效果有什么不同？试作简要分析。

★ 文中三次写到这位母亲"流泪"，这对塑造母亲的形象有什么作用？

★ 一位哲人说过："有时，一句话可以改变人的一生。"请结合本文内容分析这句话的含义。

★ 本文的题目是《一位母亲与家长会》，能否将其换成《母亲的心》或《母亲的鼓励》？为什么？

快乐阅读
kuai le yue du

闻起来像妈妈一样 / ···澹 晴

小男孩泰迪曾有过一个虽不健全却很幸福的家，他和妈妈快乐地生活在一起。幼儿园在他的毕业鉴定中这样写道："泰迪是一个聪明可爱、很有前途的孩子。"一年级的时候，发生了一件不幸的事情——他的妈妈生了重病。泰迪每日里神思恍惚，变得对什么事都心不在焉。二年级时，残酷的死神终于夺走了泰迪的妈妈。随着妈妈的去世，泰迪的心仿佛也被带走了。那一年他留给老师的印象是：接受能力差，反应迟钝。泰迪全变了，浑身脏兮兮的，望着他那乱发下挑衅的目光，没有人愿意理他。

三年级的时候，班里新来了一位史密斯小姐担任老师。和每个老师一样，史密斯小姐也没有将格外的关注放在泰迪身上，因为还有那么多孩子分散着她的精力。但是一件小事却使泰迪发生了巨变。

那是三年级的圣诞节。按照习惯，每个孩子都送给史密斯小姐一件礼物，并且兴高采烈地围在周围，等着她一件件打开。在这堆包装精美的礼物中，有一个用旧包装纸笨拙地包着的小盒子——这是泰迪的礼物。史密斯小姐打开一看：有一只旧的假宝石手镯，上面的装饰有的已经破裂。和它在一起的，是一瓶快用完的香水。让泰迪想不到的是，史密斯小姐高兴地戴上了手镯，并且把剩余的香水高兴地喷向空中。"多好啊！"她笑着。孩子们也快乐地笑着："多好啊！多好啊！"

聚会结束了，学生们离开了校园，偌大的教室里只剩下泰迪还站在那里，迟迟不肯离去

"还有什么事吗？"史密斯小姐问。

"谢谢您收下了我的礼物。"泰迪小声说，"那手镯是我妈妈用过的，您戴上它非常漂亮，香水也是我妈妈用过的，现在，您闻起来就像妈妈一样。"乱发下，泰迪昔日桀骜不驯的眼睛里噙满了泪水。

泰迪完全变了。

几年以后，离任的史密斯小姐收到了泰迪寄来的第一封短信："亲爱的史密斯小姐：我以全班第一名的成绩毕业了，如果您能参加我的毕业典礼，我将非常感谢。爱您的泰迪。"

史密斯小姐没有令泰迪失望。以后，每隔几年，史密斯小姐就会收到相似的短信：

"亲爱的史密斯小姐：我以全班第二名的成绩考取了医学院，如您能参加我的入学典礼，我将不胜荣幸。爱您的泰迪。"

"亲爱的史密斯小姐：我现在即将成为一名医生了，如您能参加我的毕业典礼，我将不胜感激……"

"亲爱的史密斯小姐：下周二将是我结婚的日子，如您能光临，我将……"

"亲爱的史密斯小姐……"

……

当年，当史密斯小姐真诚地向周围同学喷洒那半瓶香水时，她未必知道自己播下了怎样的爱与尊重的种子，今天，这一张张报喜的短信都像一枚枚爱的果实，散发着醉人的芳香。

把书读到寂静的程度

与你共品
yu ni gong pin

　　一个微笑，一句话，足以温暖一颗封冻的心，足以点亮一片黯淡的天空。这篇文章讲述的是一个老师一次无意的举动改变了一个学生一生的命运的故事。文中出现的小男孩泰迪是一个聪明可爱的孩子，老师也认为他很有前途，可当他失去母爱之后，他变了，同学不愿意理他。在史密斯小姐爱的感召下，泰迪又重拾母爱。这让他成为一个充满自信、不断走向成功的人。

个性独悟
ge xing du wu

　　★"泰迪全变了，浑身脏兮兮的，望着他那乱发下挑衅的目光，没有人愿意理他。"请揣摩在"挑衅的目光"下，"泰迪"可能有怎样的心理活动？

　　★"您闻起来就像妈妈一样"，这是"泰迪"对"史密斯小姐"的评价。"妈妈"有味道吗？是什么样的味道呢？这句话在文中又有什么深刻含义呢？

　　★史密斯小姐收下泰迪的礼物之后，"泰迪完全变了"，"变"成什么样了？请在文中找出有关的内容。

　　★文章最后一段揭示了文章的主题，请你用简洁的语言概括出来。

快乐阅读
kuai le yue du

华盛顿先生 / ···[美] 莱斯·布朗

第一次见到华盛顿先生的时候，我还是学校特殊教育班低年级的一名学生。

有一天，我来到十一年级的一间教室，等待我的一位朋友。就在我刚迈进教室的时候，他们班的老师突然出现在我的面前，把我吓了一大跳。只见他紧绷着脸，没有一丝笑容，神情严肃地看着我。他就是华盛顿先生。那天，他要求我到讲台前，在黑板上解答一些问题。但是，我却对他说我不能去做。

"为什么不能？"他皱了皱眉头，不解地问道。

"因为……因为……我不是您的学生。"我嗫嚅着。

"哦，这没关系，"他眉头舒展开来，语调也缓和了许多，"来吧，不要害怕，请到讲台前来。"

"不，华盛顿先生，我……我……我不能这么做。"我感到紧张极了，说话竟也不成句子。

"为什么不能呢？"他的眉头又拧成了一条绳。

那一刻，我窘迫极了，一时竟不知说什么好，情急之中脱口而出："因为……因为我是特殊教育班的弱智学生。"

听我这么一说，华盛顿先生那紧锁的眉头再一次舒展开来，严肃的表情蓦地变得慈祥起来。他索性从讲台后面走了出来，来到我的面前，注视着我，温和地说："听着，孩子，以后千万不要再这样说了，别人对你的看法不一定就能代表你的真实情况。"

那一刻,对我来说,可以说真是释然无缚的一瞬。因为,一方面,既然别的学生已经知道了我是特殊教育班的弱智学生的实情,那么就由他们去嘲笑、去羞辱吧,今后我再也不用老是为此躲躲闪闪、心存顾忌了,这对我来说未尝不是一件好事;另一方面,由于我以前太在意别人对我的看法了,无论做什么事都处处小心,瞻前顾后,总是顾忌别人会怎么看我,心灵竟被禁锢得如死水一样。华盛顿先生的一番话使我幡然醒悟,使我意识到了我并非一定要在别人对我的看法、对我的议论形成的那种环境中生活。

就这样,华盛顿先生成了我的良师益友。其实,在这次经历之前,我在学校里已经遭受过两次挫折。一次是上五年级时,我被学校鉴定为"弱智学生",从五年级降级到了四年级;还有一次是上八年级时,我又遭受了同样的挫折。但是,华盛顿先生的出现使我的人生旅程发生了深刻而又激动人心的变化。

通过一段时间的观察,我发现戈斯的思想对华盛顿先生的为人处世有着重要的影响。华盛顿先生也说他是按照戈斯的思维来行事。戈斯曾经说过这样一句话:"对任何一个人,如果只用过低的标准来要求的话,那么,他只会越来越糟;相反,如果用高标准来严格要求的话,那么,他就可能会获得成功,甚至会取得伟大的成就!"同卡尔文·劳埃德一样,华盛顿先生相信:"没有人会从低标准中脱颖而出。"因此,他总是给学生们这样一种感觉——他对大家寄予了很高的期望。就这样,所有的学生都在努力地奋斗着,以便能够达到他所期望的那些标准。

记得有一天,我去听华盛顿先生给一些即将毕业的高年级学生所作的演讲。当时我还是一名低年级的学生。只听他热情洋溢地对学生们说:"同学们,你们天赋异禀,资质聪颖,而且风华正茂,年轻有为。如果你们能够时时审视自己,不断超越自我,同时要敢于设想未来的你将会拥有什么卓越的特长,并且会用它给我们这个星球带来什么,而且为这远大前景不懈地努力奋斗,那么历史将会因你们而改变,世界也将会因你们而改变!你们会令你们的父母感到骄傲,会让你们的学校和社会为之自豪!你们将会影响成千上万人的生活!"华盛顿先生在台上滔滔不绝地讲着,还不时挥舞着双手。台下学生听得群情激昂,许多人情不自禁地站了起来,向他振臂欢呼,掌声经久不息。而我躲在礼堂的一个角落里静静地、全神贯注地听着。虽然,他的这番演讲是针对高年级学生的,但是我却觉得好像是针对我的一样。

演讲结束后,我在停车场里追上了他。

"华盛顿先生,您还记得我吗?刚才,您给高年级学生作演讲的时候,我也在礼堂里聆听。"我满怀崇敬的心情,激动地说。

"哦,你也在那里?"他有些将信将疑,"你在那里干什么?你可是低年级的学生呀。"

"我知道,华盛顿先生。是这样的,今天,在您演讲的时候,我正好从门外经过,听到从礼堂里传出了您的声音,一下子就把我吸引住了。虽然,它不是讲给我听的,但是,我却总觉得您那个演讲是针对我的。于是,我就进去听了。先生,您说他们'天赋异禀,资质聪颖',而我也在那个礼堂,我也和他们一样吗?我也是'天赋异禀,资质聪颖'吗?"

"噢,当然,布朗,你当然也和他们一样。"他答道。

"可是,先生,事实却不是这样。我的外语、数学和历史常常考不及格,暑假期间我还必须到补习班去补习,这究竟是为什么呢?我知道,一定是我太笨了,我比大多数的同学都要迟钝。我不像我的弟弟、妹妹那样聪明伶俐,他们就要到迈阿密州立大学去读书了。可我……"

"哦,布朗,没关系的,它能说明什么呢?它只能说明今后你还得更加的努力才行。要知道,在我们的一生中,对未来的命运和成就起决定作用的因素很多很多,但年级的高低并不能决定你未来的命运和成就。记住,千万不要灰心,不要泄气!"

"我想给我妈妈买一套房子,您看我能行吗?"

"这怎么不行呢?布朗,我相信你一定能够做到。"说完,他轻轻地拍了拍我的头,然后转过身,打算离去。

"华盛顿先生!"我连忙喊住他。

"还有什么事吗,布朗?"

"嗯,先生,我一定要成为您所说的那样的人,请您记住我,记住我的名字,总有一天您会再次听到它的。我一定会让您骄傲的,先生。"

从那以后,我好像变了一个人似的:我对自己充满了信心,对任何事情都勇于去尝试,去奋斗,去拼搏,再也不像以前那样总是自卑自怜,妄自菲薄,生活在别人为我设计好的环境中了。现在想来,过去,我之所以能够不断升级,从某种意义上说,只是因为我还不是一个坏孩子,而是一个既讨人喜欢又十分有趣的小孩。我不但总惹人发笑,让人心情舒畅,而且还彬彬有礼,对师长毕恭毕敬,所以老师们都愿意让我通过考试,我知道这对我是没有任何好处的。如今,我已经意识到学习对于我来说,是一场真正的战斗。幸运的是华盛顿先生使我恢复了信心,增强了责任感。我相信我有足够的能力来应对任何事情,实现我

把书读到寂静的程度

的理想。

在我进入高年级后,华盛顿先生竟成了我的指导教师,我高兴极了,虽然我还是特殊教育班的学生。通常,接受特殊教育的学生是不能参加演讲和戏剧演出的,但学校为了能够让我和他一起而作了特别的安排。由于我的学习成绩开始稳步上升,校长也意识到了这种已经成为事实的结合对我所产生的巨大影响。就在那一年,我的名字终于上了学校的荣誉册,这可是我生命中的第一次啊!接下来,我打算和戏曲系的同学一起出去旅行,但如果要出城旅游的话,就必须是名字上了学校的荣誉册的学生才行。啊,这对我来说,简直就是奇迹!

而这一切,都是因为华盛顿先生!是他使我对自身有了客观的全新的认识;是他使我对未来有了更加广阔而又深远的憧憬,尽管它已超越了我的智力水平和家庭环境所能承受的限度。

几年以后,我制作了5部专题片,并在公众电视上播出了。当我制作的节目《你应受报答》在迈阿密教育电视台播出时,我让一些朋友通知了华盛顿先生。

那天,当他从底特律打来电话的时候,我正坐在电话机旁焦急地期待着。"请问,我能和布朗先生通话吗?"

"您是谁?"我问道。

"你知道我是谁。"他故意卖了个关子,但我感觉到他正在微笑。

"噢,华盛顿先生,是您吗?"我高兴地叫了起来。

"你就是那个让我感到骄傲的人,是吗?"

"是的,先生,正是我。"

 与你共品
yu ni gong pin

"同学们,你们天赋异禀,资质聪颖,而且风华正茂,年轻有为。"每一位中学生都是无愧于这样的赞美的。当你阅读此文后,是不是有热血沸腾的感觉,从而对自己有了更大的信心。

个性独悟
ge xing du wu

★华盛顿先生评价学生 "天赋异禀""资质聪颖""风华正茂""年轻有为",你能否用四字短语评价一下华盛顿?

★听说"我"是来自特殊教育班的弱智学生,一向神情严肃的华盛顿先生蓦地变得慈祥起来,为什么呢?

★华盛顿先生的这句话 "别人对你的看法不一定就能代表你的真实情况"在布朗心中引起了怎样的反响?

★理解"没有人会从低标准中脱颖而出"所包含的深刻道理。

快乐阅读
kuai le yue du

"你须知道你自己" / ··· 夏丏尊

我向有个先写稿后加题目的习惯,此稿成后,想不出好题目,于是就僭越地借用了这句希腊哲人的标语。

中学生诸君,新年恭喜!

说到新年,不禁记起一件故事来了。从前日本有一个很有名的和尚,故意于新年元旦提了骷髅到人家门口去,叫大家煞风景。日本向有元旦在门口筑了土堆插松枝的风俗,叫作"门松"。和尚有一句咏门松的诗道:"门松是冥土之旅的一里冢。"一里冢者,日本古代每一里作一土堆如冢,上插木标,以标记里程的。和尚的诗,意思就是说一个人过了一年就离冥土愈近了。

咿呀!新年新岁,理应说利市,讲好话,为什么要提起这样的话来扫大家的兴呢?但是照例地说利市,讲好话,也觉得没有意思。新年相见的套语,如"恭喜"之类,其中并不笼有真实的深意,说"恭喜恭喜",并不就会有喜可恭的。

我们无论做哪一件事,都要预想到着末的一步,才会认真,才会不苟。做买卖的人所要顾虑的不是赚钱,乃是蚀本。赌博的人所须留意的不是赢了怎样,乃是输了如何。日本的那位和尚在元旦叫人看骷髅,要大家觉悟到死的一大事实,其事虽煞风景,但实也可谓是一种最慈悲的当头棒喝。我根据了这理由,想在这一九三〇年的新年,当作贺年的礼物,对诸君说几句看似不快却是真实的话。

依学龄计算,诸君都是十三岁以上二十岁以下的志气旺盛的青年。诸君对于前途,所怀抱的希望不消说是很多的吧。恋爱咧,名誉咧,革命咧,救国咧,诸如此类离本题太远的希望,暂且不提。即仅就了求学而论,诸君的希望应也就不小,由初中而高中,由高中而大学,由大学而出洋,由出洋而成博士等,似都应列入诸君的好梦之中的。可是抱歉得很,我在这里想对诸君谈说的,却不是怎样由初中入高中、入大学、出洋等的好事,乃是关于不吉方向的事。就是:不能出洋怎样?不能入大学怎样?不能升高中怎样?或甚至于并初中而不能毕业怎样?

就大体说,教育的等级是和财产的等级一致的。财产有富者、中产者与贫困者三个等差,教育也有高等、中等、初等的三个阶段。在别国,这阶段很是露骨,尽有于最初就把贫富分离的学校制度。凡有资力可令子弟受中等以上的教育者,就可不令子弟进普通的国民小学。我国在学校制度上表面虽似平等,其实这财产上的阶段仍很明显地在教育的等差上反映着。不消说,小学校学生之中原有每日用汽车接送的富家儿与衣服楚楚的中产者的子弟的,但全体统计,究以着破鞋拖鼻涕的贫家小孩为多。到了中学,贫困者就无资格入门,因为做中学生每年至少须花两百元的学费,不是中产以下的家庭所能负担。做中学生的不是富家儿,即是中产者的子弟。至于入大学,费用更巨,年须三四百元以上,故做大学生的大概是富家儿,即使偶有中产者的子弟蛰居其间,不是少数的工读生,即是少数的叫父母流泪典质了田地不惜为求学而破家的好学的别致朋友罢了。这样,教育的阶段宛如几面筛子,依了财产的筛孔,把青年大略筛成三等。纵有漏网混杂别等里去的,那真是偶然的侥幸的机会。

诸君是中学生,贫困者已于小学毕业时被第一道筛子从诸君的队里筛出了。诸君之中混杂着富者与中产者的子弟,但富者究竟不多,诸君的十分之九以上可说都由中产家庭出来的吧。像诸君样的人,普通叫作中产阶级。中产阶级不致如贫困者的有冻馁之忧,也不致像富者的流于荒佚,在社会全体看来,实是最健全最有用的分子。诸君出自中产家庭,就是未来的社会中坚,诸君的境遇较之贫困者与富者,原不可不说是很幸福的。但是,可惜,这中产阶级的本身已在崩溃中了。

中产阶级的崩溃原是世界的现象,不但中国的如此。其原因不得不归诸世界产业革命与资本主义的跋扈。中国中产阶级的崩溃也不自今日始,而以近数年来为尤速。中国原无什么大资本家,也无什么大产业,中国人所受的完全是身不由主的全世界的影响。中国产业落后于人者不知凡几,而生活程度却由外人替我们代为提高,已与别国差不多了。这情形,诸君不必回去问那六七十岁的老祖父,但把诸君幼时所记得的物价与生活费用和目前的一相比较,就已可知其差数之不小了。加以连年的兵祸、匪灾、饥馑、失业,把乡村的元气耗损几尽,随此而起的工价暴腾与农民的不得已的减租,更给了中产阶级以一道快速的催命符。

不信,但看事实!诸君的村里中富起来的人家多呢还是穷下去的人家多?诸君自己的家况,只要没有什么着香槟票头彩之类的事,还是一年好一年呢还是一年不如一年?诸君求学的用费,今年比之去年如何?诸君向父母请求学费时,父母是否比去年多摇头多叹息?再试每日留心报纸,是不是每日有因失业或困迫而自杀的?他们的大多数,是不是青年?

中国的中产阶级已在崩溃的途上,当世流行的一切青年的烦闷与中流家庭间的不宁,实都就是中产阶级在崩溃途上的苦闷的挣扎与呻吟。诸君是中产阶级,中产阶级的崩溃就是诸君的崩溃。诸君之中有的已深深地痛感到没落的不安,正在挣扎与呻吟之中,有的或尚才踏入第一步,只茫然地感到前途渐就黑暗的预觉,程度虽有不同,要之都已是在没落崩溃的途上的人们了。在这变动的期内,诸君的家庭尚能挣扎着令诸君入中学为中学生,不可谓非诸君之幸。不瞒诸君说,在下也是中产阶级出身,而且是一个做过二十年的中等学校教师的人。产是早已没有了,依了自己的劳动,现在总算还着起长衫,在社会上支撑着中流人物的地位,可是对于儿女,却无力令其尽受完全的中等教育。一个是高小毕业就去做商店学徒了,一个是初中未毕业,即令其从事养蜂与园艺了,还有一个现在虽尚在中学校,但能否有力保其毕业或升学,自己也毫无把握。做了二十年中学教师却无力使自己的儿女受中等教育,每想到"裁缝衣破无人补,木匠家里没凳坐"的俗语,自己也不禁要苦笑起来。

话不觉走入岔路去了,一笔表过,言归正传。

世间最难动摇的是事实,事实是不能用了什么理论或方法来把它变更的。中产阶级的崩溃没落既是事实,我们虽然自己不情愿,也就无法否认。所谓崩溃或没落,原是就了全生活说的,若限在受教育的方面说,意思就是:诸君现在虽在中学为中学生,前途难免要碰到种种的障碍。不能入大学,不能入高中,或并初中亦不能毕业,也都是很寻常的可能的遭遇,并非什么意外的大不幸。诸君啊,先请把这话牢记在心里。

诸君读了我这番煞风景的议论,也许会突然感到幻灭,要发生绝望的不安了吧。如果如此,那不是我说话不得其法,就是诸君太天真烂漫太未经世故的缘故。我所说的自以为是一种真实,并没有一句是欺骗或恐吓诸君的话。并且,我对诸君说这一番话,目的原不欲漫然把暗云投入诸君的快活的心胸里,在诸君火热的头上浇冷水;乃是想叫诸君张开了眼,认识眼前的事实,更由这认识发出勇敢的新的努力,去适应目前或将来的环境,能在大时代中游泳而不为大时代的怒涛所淹没。

那么怎样好呢?反正能否毕业能否升学都靠不住,就退学吗?或者赶快去别觅可以吃饭的职业吗?诸君的父母家庭,有的为了贪近利,有的为了真是负担不住了,也许早已盼望诸君如此了吧。家庭环境各个不同,原不好一概而论。若就大体说,诸君还是未成年者,在成年以前,最好能受教育,把青年生活好好地正则地度过去。诸君能在中学为中学生是应感谢的幸福, 不是可诅咒的恶事。有书可读且读,但读书的态度却须大大地更改。

第一所希望于诸君者,就是要快把从来的"士"的封建观念先行铲除。中国古来封建时代称读书人为"士",这士的制度已在几千年以前消灭了,而士的虚名仍历代相沿,直至现在,虚名原已不存了,而士的观念仍盘根错节地潜伏在一般人的心中。诸君的父母令诸君入学的动机,诸君自己求学的态度,乃至学校对于诸君的一切教育方法和设施等,老实说,有许多地方都还是脱不尽这封建思想的腐气的。一般人误信以为在学校毕业了就可得到一种资格,就可靠文凭吃饭,这种迷信,的的确确是因袭的封建的恶根性。中国近十余年来的变乱,原因当然很复杂, 但如果全国没有整千整万的毫无实学实力只手捏文凭的冒充的士,来替人摇旗呐喊,来替人造作是非,局面绝不至糟到如此。我常以为中国最首要的事情是裁士,而裁兵次之。要化士为工,化士为商,化士为农,化士为兵,除了少数有天分的专事学问的学者外,无一人挂读书人的空招牌,而又无一人不读过书,无一人不随时自己读着书,中国的前途才有希望。

第二所希望于诸君的是养成实力。诸君如果真能把从来以读书为荣的封建观念打破了,就能发现求学的新目标——就是觉悟到为养成实力而求学了。说到现在的学校教育,可指摘的处所实在很多,学校本体,除了到期给诸君以文凭外,能否给诸君以智德体三方面的真实能力,原属一个大大的疑问。如果有人说我这话太轻视了现在的学校与教育者,那么让我来自己招供吧。前面曾说,我是曾做过二十年的中学教师的,自问也不曾撒过滥污,但不敢自信曾有任何实力给予学生过。学校教育的靠不住,原因很多,这里无暇絮说。但无论如何,学校究是为青年而特设的教育机关,从来学校教育的所以力量薄弱,也许由于学生的求学态度的不正。诸君果已自己觉醒,对于学业及生活不再徒讲门面,要求实际,把一切都回向于实力的养成上去,则我可以保证诸君能相当地收得实力的。

了解了以读书为荣的错误,知道了实力的重要,在环境许可的期间,利用诸君的青春去作将来应付新时代的预备。有能力升学出洋固好,即不能升学或毕业,也比较容易以所养成的能力找得相当的职业。中产阶级只管没落,自己能在新兴继起的阶级中做一个立得住站得稳的人,不做新时代的落伍者;这是我所希望于诸君的总归宿。

《圣经》里的先知们,有的警告人说:末日快到了;有的警告人说:天国近了,叫人预备。"山雨欲来风满楼",中产阶级已岌岌可危了,今后到来的世界从社会全体看来,是天国或是末日,学者之间因了各人的见解,原不一其说。但无论是好是坏,要来的终究要来,所以我们也不得不先有所预备。预备的第一步,就是对于自己所处的地位与时代的觉醒。

中学生诸君啊,记着:我们的地位是中产阶级而时代是一九三○年!

新年之始,老乌鸦似的向诸君唠唠叨叨了这一大串煞风景的话,抱歉之至!最后当作道歉,让我再来真诚地向诸君祝福吧:

中学生诸君,新年恭喜!

与你共品
yu ni gong pin

夏丏尊(1886年—1946年)文学家、语文学家、出版家和翻译家,中国新文学运动的先驱,还是我国语文教学的耕耘者。夏丏尊一生从

136

把书读到寂静的程度

事教育、出版工作,个人创作作品并不算太丰富,但却具有非常高的质量。他的作品有小说、散文、杂文等多种形式,读者可以从这些文章中看到夏丏尊先生的学术造诣、奋进历程和被誉为"民主主义文化战线上的老战士"的风采。

个性独悟
ge xing du wu

★你是如何理解夏丏尊先生的"你须知道你自己"?

★作为一名学生,除了学习成绩的烦恼之外,你还有哪些想要倾诉的困惑?

★为什么说想要发现求学的新目标,就要打破"以读书为荣"的观念?

★如果让你写一篇文章,你认为是先有题目容易些,还是写好以后再加题目容易些?

快乐阅读
kuai le yue du

假如给我三天光明 / ···· [美] 海伦·凯勒

我们大家都读过激动人心的故事,故事中主人公的寿命已有限期。这段时间有时度日如年,有时一年短如一日。然而我们总是非常感兴趣地去探索那将死的人怎样度过他最后的时日。当然我说的是那些有选择权的自由人,而不是那些活动范围受到严格限制的犯人。

如果靠某种奇迹我能有三天睁眼看东西的时间,然后又回到黑暗里去,我将把这三天分为三个阶段。

第一天，我要看到那些好心的、温和的、友好的、使我的生活变得有价值的人们。首先，我想长时间地盯视着我亲爱的教师安妮·莎莉文·麦西夫人的脸，当我还在孩稚时，她就来到我家，是她给我打开了外部世界。我不仅看她的脸部的轮廓，为了将她牢牢地放进我的记忆，还要仔细研究那张脸，并从中找出同情的温柔和耐心的生动的形迹，她就是靠这些来完成教育我的困难任务。我要从她的眼睛里看出那使她能坚定地面对困难的坚强毅力和她那经常向我显示出的对人类的同情心。

翌日——也就是我能看见东西的第二天，我将伴着曙色起床，去看一看那由黑夜变成白天的激动人心的奇观。我将怀着敬畏的心情去观赏那光色的令人莫测的变幻，正是在这变幻中太阳唤醒了沉睡的大地。

下一天的早晨，怀着发现新的欢乐的渴望，我将再次去迎接那初升的旭日，因为我深信，那些有眼睛能真正看到东西的人肯定会发现，每个黎明都会展现出千姿万态、变幻无穷的美。

根据我想象中的奇迹的期限，这是我能看见东西的第三天，也是最后一天。我没有时间去悔恨或渴望，要看的东西实在太多了。我把第一天给了我的朋友，给了那些有生命和没有生命的东西，第二天我看到人类和自然的历史面目。今天我要在现实世界里，在从事日常生活的人们中间度过平凡的一天。除了纽约你还能在别的什么地方发现人们这么多的活动和这样纷繁的情景呢？于是这城市成了我选择的目标。

我从长岛森林山我的恬静的乡间小屋出发。这里，在绿草坪、树木、鲜花的包围中是一片整洁小巧的房屋，到处充满妇女儿童谈笑奔走的欢乐，真是城市劳动者的安静的休息之所。当我驾车穿过横跨东河的钢带式桥梁时，我又开了眼界，看到人类智慧的巧夺天工和力大无穷。河上千帆竞发、百舸争流。如果我从前曾有过一段未盲的岁月，我将用许多时间来观赏河上的热闹风光。

举目前望，面前耸立着奇异的纽约塔，这城市仿佛是从神话故事的书页中跳出来似的。这是多么令人敬畏的奇景啊！那些灿烂夺目的尖塔，那些用钢和石块筑起的巨大堤岸，这些建筑就像神为自己修造的一样。这幅富有生气的画卷是千百万人每日生活的一部分，我不知道究竟有多少人愿意对它多看一眼？恐怕是很少、很少。人们的眼睛之所以看不见这壮美的奇观，是因为这景象对他们太熟悉了。

我匆匆忙忙登上那些大型建筑之一——帝国大厦的顶层，不久之前我从那里通过秘书的眼睛"看到"了脚下的城市。我急于要把想象力和真实感作一次比较。我相信在我面前展开的这幅画卷决不会使我感到失望,因为对我来说它将是另一个世界的景象。

我能看见东西的第三天就要结束了,或许我应该把这剩下的几小时用在许多重要的探索和追求上,可是我怕在这最后一天夜晚,我还会再次跑到剧院去看一出狂喜的滑稽戏,以便能欣赏人类精神世界里喜剧的泛音。

到午夜,我从盲人痛苦中得到的暂时解脱就要终结了,永久的黑夜将重新笼罩我身。当然我在那短暂的三天时间里,不可能看完我要看的全部事物,只有当黑暗重新降临时,我才会感到我没有看到的东西实在太多了。不过我脑海中会塞满那壮丽的回忆,以致根本没时间去懊悔。今后无论摸到任何东西都会给我带来那原物是什么形状的鲜明回忆。

如果你有朝一日也将变成一个盲人,你或许对我如何度过三天可见时光的简要提纲感到不合适而作出自己的安排。然而,我相信,如果你真的面临那样的命运,那你的眼睛将会向过去从不留神的事物睁开,为即将来临的漫长黑夜储存记忆。你将会一反过去的常习去使用自己的眼睛,你所看到的东西都会变得非常亲切,你的目光将捕捉和拥抱任何进入你视野之内的东西,最后你会真正看到一个美丽的新世界在你面前敞开。

我,一个盲人,向你们有视力的人作一个提示,给那些善于使用眼睛的人提一个忠告:想到你明天有可能变成瞎子,你就会好好使用你的眼睛。这样的办法也可使用于别的官能。想到你明天有可能变成聋子,你就会更好地去聆听声响,鸟儿的歌唱,管弦乐队铿锵的旋律。去抚摸你触及的那一切吧,假如明天你的触觉神经就要失灵;去嗅闻所有鲜花的芬芳,品尝每一口食物的滋味吧,假如明天你就再也不能闻也不能尝了。让每一种官能都发挥它最大的作用。为世界通过大自然提供的各种接触的途径向你展示的多种多样的欢乐和美的享受而自豪吧。不过在所有的官能中,我相信视力是最令人赏心悦目的。

五

多给孩子一些阳光

与你共品
yu ni gong pin

　　海伦·凯勒(1880~1968),是具有传奇色彩的美国女作家。她不到两岁时患了一场大病,不幸成为既盲、又聋又哑的残疾人。后在女教师安妮·沙莉文的帮助下,她终于学会了读书、写字,并进入大学学习。凯勒写过十几本书,大多为自传性的。主要有《我生命的故事》《乐观主义》《走出黑暗》等。

　　本文写了完全处于没有任何声音、色彩世界的海伦·凯勒幻想她能拥有三天的光明。在这三天里,她所热情关注的、她所由衷赞美的一切,都是我们真正拥有光明的人所熟视无睹的。因此,我们要珍惜生命,珍惜生命赋予我们的权利。更要珍惜我们拥有的美好的每一天。

个性独悟
ge xing du wu

　　★第四自然段中"正是在这变幻中太阳唤醒了沉睡的大地"这句话运用的修辞方法是什么?有什么表达效果?第五自然段中,作者为什么要"再次去迎接那初升的旭日"?

　　★第十二自然段,作者用"如果你真的面临那样的命运"这种假设,告诉了人们一个道理,这个道理是什么?

　　★作者给"善于使用眼睛的人"的忠告是什么?

　　★读完海伦·凯勒的这篇文章,你对生命有了什么新的理解?

把书读到寂静的程度

怎样对付教训 / ⋯⋯夏丏尊

暑假已完,新学年就此开始,诸君将出家门,即有亲爱的父母向诸君作种种叮嘱,"保重身体"咧,"爱惜金钱"咧,"勿管闲事"咧,"努力用功"咧,⋯⋯这么一大套。才进校门,在开学式中又有校长训话、教师训话、来宾训话,又是"革命勿忘读书,读书勿忘革命"咧,"打倒帝国主义"咧,"以学救国"咧,"陶冶品性"咧,"锻炼身体"咧,"谨守校规"咧⋯⋯那么一大套。

不管诸君要听不要听,总之现在是诸君整段地要受教训的时期,各种各样的教训由父母师长各方面袭来,要求诸君承受遵守。诸君如果把这种教训左耳朵进右耳朵出,随听随忘,那也就罢了,倘若想切实奉行,就有许多问题可以发生。我原不敢说诸君之中没有马马虎虎把父母师长的教训视如马耳东风的人,却信这种人极其少数,大多数的中学生诸君都是诚笃要好的青年,对于父母师长的教训,只要力所能及,都想服膺实行的。对于这等好青年,我敢来贡献些关于教训的意见。

第一须辨别教训的真伪。

教训会有伪的吗?尽有尽有!有一篇短篇小说(忘其作者与篇名)中,写着下面这样的故事:

> 甲乙两个工场主同时在其工场中提倡节俭;A是甲工场的工人,B是乙工场的工人。

> A听了甲工场主的节俭谈,很是信服,切实奉行。最初戒除烟酒,妻病了也不给她多方治疗,结果成了鳏夫。为节俭计,不但不续娶,且把住房也退掉,独自住在小客栈里。后来觉得日食三餐太浪费,乃改为二餐,最后且减到一餐。

> 物价虽日趋腾贵,他却仍能应付,而且还能把收入的一部分去储蓄在工场里。也曾屡次以物价腾贵的理由去向主人要求加薪,主人总不答允。主人的理由是:他费用有限,现有工资已尽够他

的生活。

有一天，他去访在乙工场做工的 B，一则想看看 B 的生活方法，二则想对 B 夸说夸说自己的节俭之德。

B 的样儿使他吃了一惊。B 在数年前是个比他不如的穷光蛋，现在居然已有妻与子，且住着不坏的房子了。他问 B 何以能如此，B 的回答是：

"我因为没有钱，才入工场做工。主人教我节俭，但是你想，穷光蛋一个大都没有，从何节俭起啊！后来物价逐渐腾贵，我和大家向主人要求加薪，乘机就娶了妻，妻不久就生了子。一人的所得不足养活三口，于是又只好强求主人再加薪水。有了妻子，不能再住客栈或寄宿舍，才于最近自己租了这所房子。可是生活费又感到不足了，尚拟向主人再请求加薪呢。"

B 虽这样诉说着生活的艰辛，可是脸色却比他有血色得多。B 的妻抱其肥胖的小孩，时时举目来向他的黄瘦的脸看。他见了 B 一家的光景，不禁回想起妻未死时的情形来。

诸君读了上面所记的小说梗概，做何感想？就一般说，节俭原是一种美德，节俭的教训原是应该倾听的。可是上述梗概中的甲工场主所提倡的节俭，却是一种掠夺的策略，他们所提出的节俭的教训，完全是欺骗的虚伪的东西。诸君目前尚不是工人，不消说这样的欺骗的教训暂时是不会临到头上来的，但如果诸君的校长或教师不替诸君本身着想，专以保持自己的地位饭碗为目的，或专为办事省麻烦起见，向诸君晄晄地提倡服从之德，教诸君谨守他们的所谓校规，则如何？合理的校规原是应守的，但校规的所以应守，理由应在有益于学生自己和学校全体，不应专为校长或教师的私人便利，去做愚蠢的奴隶。前学期的校长姓王，教师是甲乙丙丁，这学期的校长姓张，教师是 ABCD，在现今把学校视作传舍的教育情形之下，做校长或教师的未必对于学生都能互相诚信，"谨守校规"的教训也自然不大容易有效。但我敢奉劝诸君，合理的校规是应守的，只是要为自己和全体而守，不为校长或教师私人的便利而守。当校长或教师发出"谨守校规"的教训的时候，须认清其动机的公私。为了校长及少数教师想出风头，把学生做了牺牲，无谓地奖励不合理的运动竞技或跳舞演剧的把戏，近来多着呢！

对于教训须辨认其动机的公私，不管三七廿一地盲从了去奉行，结果就会被欺。但是有种教训,在施教训的人热心为诸君设想,并无自私的处所,而其实仍是虚伪的东西。这种出于热心而实虚伪的教训,实际上很多,举一例来说:诸君出家门时,父母叮嘱你们"努力用功"。"努力用功"是一条教训。这条教训出于诸君的父母之口,其中笼着无限的对于诸君的热情和希望,可谓绝不含有什么策略的嫌疑的了。可是这真诚的父母的教训,因了说法竟可以成为虚伪的东西的。

自古至今,为父母的既叫儿子读书,没有不希望儿子能上进,能努力用功的。韩愈有一首教子的诗题目叫作《符读书城南》的,中有一段云:

> "……两家各生子,提孩巧相如。少长聚嬉戏,不殊同队鱼。年至十二三,头角稍相疏。二十渐乖张,清沟映污渠。三十骨骼成,乃一龙一猪。飞黄腾达去,不能顾蟾蜍。一为马前卒,鞭背生虫蛆。一为公与相,潭潭府中君。问之何因尔,学与不学欤。……"

这段文字,如果依照今日的情形改说起来,大意是说:"有两个人家各生了一个孩子,幼时知识相同,常在一块儿游耍,后来一个努力读书,一个不努力读书,结果一个成了车夫,受人鞭挞,一个做了大官,住在高大的房子里,何等写意。"诸君的父母叮嘱诸君"努力用功"究出何种动机,原不敢断言,但普通的父母对于儿子都无不希望儿子能"飞黄腾达",以为要"飞黄腾达"就非教儿子"努力用功"不可。韩愈是个有见解的名人,尚且如此教子,普通的父母当然不消再说了。

如果诸君的父母确由此见解对诸君发"努力用功"的教训,那么我敢奉告诸君,这教训是虚伪的。"飞黄腾达"是否应该,且不去管他,要想用了"努力用功"去求"飞黄腾达",殊不可靠。实际社会的现象不但并不如此,有时竟成相反。试看!现今住高大洋房的,坐汽车的,做大官的,是否都是曾"努力用功"的人?拉黄包车的是否都是当时国民小学中的劣等生?"努力用功"原是应该的,原是应有的好教训,但如果这教训的动机由于想"飞黄腾达",那结果就成了一句骗人的虚伪之谈。在韩愈的时代,这种教训也许尚有几分可靠,原说不定,但观于韩愈自己读了许多书还要"送穷"(他有一篇《送穷文》),韩愈以前的杜甫有"纨绔不饿死,儒冠多误身"(《奉酬韦左丞丈二十二韵》)的话,足见当时多读书的未必就享幸福,韩愈对于儿子已无心地陷入虚伪的地步了。至于今日,情形自更不同,住洋房、坐汽车、过阔生活的,多数是些别字连篇或竟一字不识的投机商人,次之是不廉洁的官吏(因为他们如果仅靠官俸绝不能过如此的阔生活),他们的所以能为官吏也别有原因,并非因为他们学问比别人都好。大学毕了业不一定就有出路,中学毕业生更无路可走,没钱的甚至要想在小学读书而不能。今日的实际情形如此,如果做父母的还要用了韩愈的老调,以"飞黄腾达"的动机,向儿子发"努力用功"的教训,真是做梦。做儿子的如果毫不思辨,闭了眼睛奉行,便是呆伯,结果父母与儿子都难免失望。

那么"努力用功"是不对的吗?诸君的父母不该教诸君"努力用功",诸君不该"努力用功"了吗?决不,决不!我不但不反对"努力用功"的教训,而且进一步地主张诸君应"努力用功"。我所想纠正的是"努力用功"的教训的动机,想把"努力用功"的教训摆在合理的基础之上。诸君幼年狼藉米饭时,父母常以雷殛的话相戒的吧。诸君那时年幼无知,因怕雷殛,也就不敢任意把米饭狼藉。后来诸君有了关于电气的常识,知道雷殛与狼藉饭粒的事毫不发生因果的关系了,那么,就可任意把米饭抛弃了吗?我想诸君绝不至如此。幼时的不敢狼藉米饭理由是怕雷殛,后来的不敢狼藉米饭,理由另是一种:米饭是农人劳动的产物,可以活人,不应无故暴殄。后者的理由比前者合理,"不该狼藉米饭"的教训要摆在这合理的理由上,基础才稳固。为想"飞黄腾达"而"努力用功",这教训按之社会实况,等于"怕雷殛"而"不狼藉米饭",禁不得一驳就倒的。"努力用功"的教训,须于"飞黄腾达"以外,别求可靠的合理的理由才牢固,才不虚伪。所谓可靠的合理的理由,诸君的父母如果能发现,再好没有,万一不能发现,那么非诸君自己去发现不可,绝不该把虚伪的教训只管愚守下去。

教训本身原无所谓真伪,教训的真伪完全在发教训者的动机的公私,和理由的合理与否。校长教师也许会为私人的便利发种种教训,父母为爱子的至情所驱,因了朴素见解也许会发种种靠不住的教训,诸君自己却不可不加以注意考察,审别真伪,把外来的种种教训转而置于合理的正确的基础上,然后去加以切实奉行才对。诸君应"谨守校规",但须为自己的利益(不仅是除名不除名留级不留级等类的问题)和学校全体而守校规,不应为校长教师作私人便利的方便而守校规。诸君应"努力用功",但"努力用功"的理由须在"飞黄腾达"以外另去找寻,为发达自己身心各部分的能力,获得水平线以上的知识技能而"努力用功"。总而言之,教训有真有伪,诸君所应奉行的是真的教训,不是伪的教训。

第二,须注意教训的彼此矛盾。

教训的来处不一,所关系的方向亦不一,对于一事,往往有的教训是这样,有的教训是那样,彼此矛盾,使人无所适从的。例如同是关于身体,父母教诸君"保重身体",学校教诸君"锻炼身体",父母爱怜诸君,所谓"保重身体"者,其内容大概是教诸君当心冷暖、不可过劳之类,而学校的所谓"锻炼身体"却是要诸君能耐寒暑,或故意要诸君多去劳动。"公要馄饨婆要面",诸君也许会感到矛盾,左右为难了吧。又如父母教诸君"勿管闲事",而党义教师却教诸君"打倒帝国主义",国语教师教诸君在自修时间中多读国文书本,体育教师却教诸君每日要多运动,诸如此类的事例,举不胜举,诸君现正切身受着,当比我知道得多,无待详说。

先就"保重身体"与"锻炼身体"说,二者因了解释,可以彼此统一,毫无矛盾。人生在世不但有种种事须应付,而且境遇的变动也是意料中的事,断不能一生长沉浸在姑息的父母之爱中。为应付未来计,为发达能力计,都非把身体好好锻炼不可。如果如此解释,那么适度的锻炼即所以"保重身体",同时如果真正要"保重身体",也就非"锻炼身体"不可了。"勿管闲事"与"打倒帝国主义"亦可因了解释使减除其矛盾性。凡对于某一事自己感到责任的,必是已有相当的实行能力的人。毫没有实行某事能力的人绝不会对于某事感到非做不可的责任,除非是狂人。我们不责乞丐出慈善捐款,乞丐对于物质的慈善事业,当然也不会感到何等的责任。党义教师教诸君"打倒帝国主义",倘只是一句照例的空洞的口号,别无可行的实际方案,或有了方案而非诸君能力所及的,诸君对之当然不会发生何等责任,结果无非成了一个"言者谆谆听者藐藐"的局面,与"勿管闲事"的诸君的父母的教训,毫无冲突之处可说。如果党义教师的"打倒帝国主义"的教训确有方案步骤,而这方案步骤切合诸君程度,确为诸君能力所及,那么诸君对于"打倒帝国主义"非感到责任不可,既对于"打倒帝国主义"感到责任,那就"打倒帝国主义"对于诸君不是"闲事"了。父母为家庭小观念所囿,教诸君"勿管闲事",也许就是暗暗地教诸君不要去做"打倒帝国主义"等类的事。但诸君既明白自己的责任,知道"打倒帝国主义"是应做而且能做的事,不是"闲事",内心已无矛盾,尽可于应行时尽力去行的了。贤明的父母绝不会禁止子女去干力所能及的有意义的各种运动的。国语教师教诸君在课外多读国文书本,体育教师教诸君每日多运动,将如何呢?其实,各科教师都有把自己所授的科目格外重视的偏见,不但国语体育二者如此。对于这种教师的矛盾的要求,应以"整个的程度的水平线"为标准,自定取舍,中学是普通教育,诸君的精力有限,如果偏重了一方面,结果必致欠缺了别方面,对于前途殊非好事。诸君对于各科须牺牲自己的嗜好与偏见,普遍修习。在终日埋头用功的人,体育教师的"多从事运动"是好教训,在各科成绩都过得去而国语能力特差的人,国语教师的"课外多读国文书本"是好教训。各科教师所发之教训原不免彼此矛盾,若能依了"整个的程度的水平线"为标准,自定取舍,奉行上就不会有什么困难了。

与你共品
yu ni gong pin

夏丏尊(1886—1946),名铸,字勉旃,后改字丏尊,号闷庵。文学家、语文学家、出版家和翻译家,中国新文学运动的先驱。夏丏尊还是我国语文教学的耕耘者,创办了《中学生》杂志。

个性独悟
ge xing du wu

★阅读全文,请谈谈你对"教训"的理解。
★你认为教训要不要听?
★你"努力用功"的意义是什么?

把书读到寂静的程度

我的同桌甲 / ··· 虞 凡

学校换桌椅,挑了个大好日子"3·15",我们班大义凛然包了这活。我接受了一张书香盈人的木桌,桌上角书:

晨 光

云分日当临,
万里共庆曦。
茂茂①密林荫,
蚯蚓②徐徐行。

注:①8班绝代佳人。②即11班风流才子。

夕 阳

半醉半醒间,
一红一湛蓝。
龙飞凤舞处,
青烟生甲烷①。

注:①班长,我同桌,贾然,简称甲。

天啊,这竟然是我曾坐过的机动教室的桌子,为各位描述一下诗境。

前诗:旭日东升,万里河山,生灵共庆,透过绿树,一线光辉洒向大地。

注:①此线乃切线;②应当透过现象看本质;③是小孔成像原理的运用。且看徐徐蠕动之物竟是蚯蚓。

后诗:天喝得微醉,歪着脑袋,红的动脉血轻浮在脸上,蓝的静脉血沉在下巴,远山龙飞凤舞之处,青烟飞升,是甲烷在扭动。

下面还有:

世上有仙宫①，

仙宫在附中。

英雄又豪杰②，

埋头苦用功。

　　注：①是指学习风气好。②英……杰：指我班刻苦大师。

我想起惨淡的高中生活，和我的同桌。

我是个女生，我的同桌是贾然，开始朋友总爱拿此开玩笑。

后来不说什么了，因我不像女生。

不过现在又笑我，她们说甲太像女生，我是半个男生。

其实她们拿甲当白马王子，把我当呆子。

甲特会逢凶化吉。座位周围一色的女生（方圆三人之内），本是四面楚歌，他却能八面玲珑。

女生们常过来和我说笑话，其实我这人一点幽默也无，又对它们一无兴趣，人家热情洋溢说半天，我最多说：好玩。或笑一下，半死不活的那种。

多亏了甲，每次他都能接上话，反正最后总是女生们与甲谈得开心大笑，我也开心，真开心，感激甲，因我实在不爱侃。

女生们依旧不倦地过来说话，可好像总不对我的味，甲却总感兴趣，我想也许我的兴趣太偏了，人也乏味。

我们这块总是全班女生最开心的地方，而我总是最麻木的人。

偶尔男生老远地喊我，费好大劲才找到那张嘴。

"拜托，喊一下贾然。"

我很体谅甲，我想我的耳朵特别灵敏。

连我在旁边喊甲，他十有八九也不应。

我愧极，甲与女生谈得正入港，一会儿这个，一会儿那个，我却要打断他的话。老师说这是不尊重他人人格。

我常与甲有冲突，周围女生总帮我，谁会见色忘友呢？其实我想她们也一定想帮甲，责之深，望之切。我骂甲时，一位后来与甲有传说的女生，总是主持正义，坚决支持我。

周围女生常说甲不高，人太女性化，还喜欢拿小黄门（甲的外号，因他总立在老师旁）开玩笑，我常不解，她们不像我，和甲待在一起总很开心，为什么急于表白对甲的不满呢？

甲不在,女生们都没精神,甲回来,女生立即活力四射,她们用又柔又美的嗓音又缓又慢地说话,一米之内的人都会被她们的玉洁冰清所打动,女人是水做的骨肉呢。

甲在女生面前,是堂堂的男子汉。

和男生一起,总爱甜言蜜语。

在全班同学聚会时,则是正气浩然的班长。

男老师来了,甲又细心,又温柔。

女老师来了,甲指挥若定"你去擦黑板","你把地弄干净","××,别吵",俨然一班的领袖。

总之,甲得各式人的欢心。

我除外,我本是麻木的人,性情又坏,也没有距离看见甲的美。

不过我对甲一向很愧的,因我以前常在他不在时拿他开玩笑,人前也一样(女生特喜欢听我说甲不好),因而常给他做些好事,并且下决心不议论他了。

　　黄门黄门　回眸一笑　英杰英杰
　　神秘女人　倾国倾城　色艺双绝

我又看见这话,左边本是我们写甲的,神秘女子、黄门都写他。

"神秘女子"这事是有由头的。

记得是才和他坐,他把黑风衣的领子翻起来裹住脸,忽然变作女声说"我是神秘女子",他那模样实在可爱,真是如水一般灵秀的女人,清纯得像泉,哈哈。可是神秘,一点儿也谈不上,我一抬头看见他的小平头,一下笑了。

每每和人在中午聊无聊之事,关于甲的,特受青睐。

一次不小心说起甲"神秘女子"之事,即被要求模仿一遍。

不到一日,我几乎忘了这事,然而全班人人皆知。

一回,她们当甲面问"神秘女子",我照旧说:"有一回,贾然,"我翻领子,"他说'我是神秘女子'。"

甲气极,他紧缩着眉,用沉郁阴冷的声音不悦地说:"我什么时候说过?"

我惧甲,一贯的。他这话,现在想起来还在耳边,却一点儿女人气没有的。

甲守信、诚实,公认的。

我怀疑,这"神秘女子"许是我凭空臆想的呢,反正我后来再不提这事,但这外号(美名)传得很广。

五

"回眸一笑倾国倾城",甲有长长的睫毛,他曾揪下几丝排在尺子上,给它们量身高,然后带着自恋狂的神气看最长的一根。

他笑的时候,长睫毛一闪一闪,很妩媚的,这是真话。

甲挺弱的,他一定以为黄门之诗是缪英杰写的,于是就题了右边的攻击英杰。

"色艺双绝"太搞笑了,够损。

甲、吴庆曦、缪英杰三人都是我们班男生的脊骨,平日哥们义气,其实截然不同。例如:

老师上课,甲眉来眼去,似乎老师的意思总不可言传,只可意会;

老师提问,缪摇头晃脑,一股土匪习气;

老师下课,吴与老师扶肩共走、谈笑风生、称兄道弟、江湖义气。

甲一天到晚只是灿烂地笑,特像他的外号橘子(其实因黄门而起),尤其在他穿一身橘黄的滑雪衫时。

甲只有一回不乐意,很罕见。眼神黯淡无光,嘴角撇着怨气谁碰着他,触电似的,"烦死了"。看见老师也没反应的,并不笑,只是瞪着远处,皱紧了眉,生闷气,老师们却不睬他。

我后悔总说他不好,他也许有他的苦衷。我依旧怨恨他,却找不到来由;我有点儿同情他,也觉得没来由(失败的狮子不需要蚂蚁的怜悯)。

我唯一一次不觉得甲是坏人,也是最后一次。

后来他恢复元气,我又照旧和他对着干。惹他恼,偷偷大笑。

……

受不了。

【简　评】

作者从一张书桌入手,引发了对同桌的回忆,而且这个同桌又是那么独特。作者从一段趣事中对同桌"甲"的细节加以描写,语言生动,用词也有创意,给人留下了深刻的印象。